秦始皇

5分钟爆笑帝王

历史的囚徒 著

湖南文艺出版社
HUNAN LITERATURE AND ART PUBLISHING HOUSE

博集天卷
CS-BOOKY

自序
人世间最大的齿轮

中国古人的命运，都受当时当地的限制。

他们命运齿轮的转动，基本上不由自主。

当最大的齿轮（一国之主）开始转动时，他们的小齿轮也步履匆忙。也即在中国历史中，皇帝是完全绕不开的人物。

所谓皇帝，是中国 2000 多年封建社会的最高统治者的称号。

这一称号源于上古传说中的三皇五帝，秦王嬴政统一六国之后，自认"德兼三皇，功过五帝"，决定用"皇帝"作为专用称号。

自公元前 221 年秦王嬴政称皇帝始，到 1912 年"末代皇帝"溥仪退位，在 2132 年的历史长河中，中国的皇帝共有 400 多位。

史书的篇幅是有限的，着墨最多的是皇帝，这让他们的

故事得以走进千家万户。

至于那些故事的真假，我们只能试着去求证、揣摩和想象。

求证的基本方法是各种历史资料的相互印证。

从客观上讲，中国古代的 400 多位皇帝，性格各异，成就不同。

在这 400 多位皇帝中，有的开创了全新局面，有的直抵盛世，有的以理服人，有的阴晴不定……

他们的故事多得数不完。

从登位到驾崩，皇帝们都有自己的道路和选择。

当然，他们也有共性。比如，执政时间长的皇帝，在历史上的存在感更强一些。

再比如，一些强大的皇帝在晚年都信神鬼。比如秦始皇、汉武帝、唐太宗，等等。

帝位充满诱惑，也充满危险。

中国历史上的皇帝群体，平均享有的寿命不到 40 岁。

他们中的很多人死于非命，有被箭射死的，有被毒死的，有被乱刀砍死的，等等。

很多皇帝不到 10 岁就登位，这给强臣和外戚留下了干政的空间。

人的生命是有限的，皇帝们设计了继承制度（主要是嫡长子继承制）来让子孙接班，企望江山永固。

然而，社会控制本就是个复杂的命题，不以人的意志为转移。

秦始皇以为统一天下后，他的子孙就可以无限接班。

可实际上呢，在他死后，秦朝只延续了短短 4 年。

水可载舟，亦可覆舟。

治理天下，不是那么容易的事情。

将皇帝们的故事放在一个聊天群里，很有意思。

大家可以通过他们的聊天内容，了解到很多历史知识。

不知不觉间，对于历史的兴趣就会增加不少。

其实这种写作形式是颇有难度的，因为每个皇帝的性格、经历和语言风格完全不一样。

只有拜读了足够多的材料，才能从容地驾驭这种对话体。

之前我写过一本《趣聊中国史：后宫那些事》，就是将中国几千年来的后宫知名女子放到一个聊天群里，让她们围绕既定的主题唠嗑。

《趣聊中国史：后宫那些事》与《5分钟爆笑帝王》两本书，大家可以搭配起来看。

在所有这些历史人物的聊天里，有两大内容。

一是他们的故事（即史料）；二是我参考了一些网络梗，通过这些梗，我们能很清晰地感知古人的面目和个性，而且过目难忘。

这种双向穿越，配合各种漫画图和表情包，是我历史写作的基本特点。

这本书有重点地展现了皇帝们的一些人生剖面，得到的结论是什么呢？

——他们的故事有多精彩，就有多无奈。

希望大家喜欢这种通过聊天读史的方法。

1

对家丑没意见，
对外扬有意见

脑补大剧场

 秦始皇－嬴政　 秦二世－胡亥　 汉武帝－刘彻　 三国－刘备　 三国－刘禅　 晋武帝－司马炎

 南唐后主－李煜　 西辽末帝－耶律直鲁古　 辽太宗－耶律德光　 隋文帝－杨坚　隋炀帝－杨广　 唐高祖－李渊

 唐太宗－李世民　唐高宗－李治　武则天　 宋太祖－赵匡胤　 宋仁宗－赵祯　 明太祖－朱元璋　

 明成祖－朱棣　 崇祯皇帝　 康熙－玄烨　 雍正－胤禛　 乾隆－弘历　 末代皇帝－溥仪

查看更多群成员 >

群聊名称	中国皇帝聊天群 >
群二维码	>
群公告	>
备注	>
查找聊天内容	>
消息免打扰	

脑 补 大 剧 场

中国皇帝聊天群（400）

唐太宗－李世民

我大唐贞观之治，大家围观了吗？

唐太宗－李世民

惊不惊喜，意不意外？

唐高宗－李治

父皇威武！

武则天

老公威武！

唐高宗－李治

喀喀……是公公！

武则天

唐太宗－李世民

一个人，必须逼自己优秀！

唐高祖－李渊

@唐太宗－李世民 二凤，你够了！

唐高祖－李渊

你怎么不说逼老爹我退位的事?

唐太宗－李世民

难道把权力移交给建成和元吉,您才开心?

唐高祖－李渊

那么残忍的事,你都做得出来!

唐高祖－李渊

门在那边
滚!

唐太宗－李世民

他们几次在我酒里下毒,就不残忍吗? 还好我命大!

唐高宗－李治

爷爷、爸爸,家里那点事一定要在群里公开说吗?

秦始皇－嬴政

阿治,看来你对家丑没意见,主要是对外扬有意见。

唐太宗 - 李世民

> 要说家丑，谁比得上你们家 ?!

秦始皇 - 嬴政

> 如果老天再给我 500 年，还有你们什么事 ?!

 宋太祖 - 赵匡胤

> 看到这里我忍不住笑了。

 周世宗 - 柴荣

> 你还笑！@ 宋太祖 - 赵匡胤

 周世宗 - 柴荣

> 是我看错了你，居然把兵权交给你！ @ 宋太祖 - 赵匡胤

 宋太祖 - 赵匡胤

> 仕陈桥，我是被迫穿上皇帝工作服的……

 周世宗 - 柴荣

小小文曲星

玄武门之变

李世民

公元 626 年 7 月 2 日，唐高祖李渊次子李世民在首都长安城太极宫的北宫门——玄武门发动的一次政变。在起兵反隋的过程中，太子李建成自知战功与威信皆不及李世民，心有忌惮，就和弟弟齐王李元吉联合排挤和陷害李世民。以李世民为首的功臣集团为求自保，在玄武门发动兵变。

相关知识点

· 李世民因写过一首《威凤赋》，自比威凤，加之他在兄弟中排行老二，于是便有了"二凤"的昵称。

· 李世民杀害哥哥李建成、弟弟李元吉，并逼父亲李渊退位，才成功登上帝位，因而不管他后来取得多大的成就，这都是他一生中最大的污点。

武则天

· 武则天最初是由唐太宗李世民选入宫的，后来又与李世民的儿子李治成为夫妻。唐高宗李治驾崩后，武则天成为中国历史上唯一正统的女皇帝。

• 周世宗柴荣是五代最后一个政权后周的第二位君主，曾立下 30 年宏愿，但在位仅仅 6 年就因病遗憾驾崩，不过他的励精图治为后来宋朝的盛世奠定了基础。

• 赵匡胤得到周世宗柴荣的信任，手握重兵，结果在北征的路上发动兵变，他被部下拥戴为皇帝，便成为宋朝第一位皇帝。不过，他登基后优待柴荣的后人，也未大肆屠杀开国功臣。

中国皇帝聊天群（400）

秦始皇－嬴政

呀，今天群里真热闹！

秦始皇－嬴政

大家讨论一下权力的继承怎么样？

 唐高祖－李渊

政哥，那还得怪你把楼盖歪了！

秦始皇－嬴政

阿渊何出此言？

5分钟
爆笑帝王

雍正－胤禛
你驾崩后，皇位没传给扶苏。

秦始皇－嬴政
怎么回事？不是定好让你接班的吗？ @扶苏

秦二世－胡亥
父皇，哥哥不在群里。

秦二世－胡亥
我也不知道怎么回事……

秦二世－胡亥
后来赵高老师和李斯丞相说让我接班。

秦始皇－嬴政
那你哥呢？

秦二世－胡亥
父皇的遗诏里不是赐他自杀吗？

相关知识点

• 秦始皇，姓嬴，赵氏，名政，是秦王朝的开国皇帝，也是中国历史上首位皇帝。他结束战国混战，统一六国。

• 胡亥，姓嬴，赵氏，名胡亥，是秦始皇的第十八子，也是秦朝第二位皇帝，在位仅 3 年，离世时只有 24 岁。

• 秦始皇嬴政驾崩之际，指定将皇位传给在北方打仗的大儿子扶苏，但他身边的近臣、小儿子胡亥的老师赵高认为这种局势对自己不利，于是联合丞相李斯，篡改遗诏，让胡亥上位，并赐扶苏自杀。这完全与嬴政的本意背道而驰。

中国皇帝聊天群（400）

 明成祖－朱棣

我来说句公道话，天下就该能者掌之。

 明成祖－朱棣

虽然 @唐太宗－李世民 玩了点小伎俩，但他确实让大唐变得更好了。

明成祖 – 朱棣

而 @ 秦二世 – 胡亥 令大秦二世而亡。

康熙 – 玄烨

你的意思是修改传位遗诏很正常?

明成祖 – 朱棣

你的诏书不也被篡改了吗? "传位十四皇子"被改成"传位于四皇子"……

雍正 – 胤禛

警告你,那是谣言。饭可以乱吃,话不可以乱说!

唐太宗 – 李世民

顶你! @ 明成祖 – 朱棣

宋仁宗 – 赵祯

想不到在这里可以见到偶像! @ 唐太宗 – 李世民

唐太宗 – 李世民

你是?

宋仁宗 – 赵祯

宋朝第四位皇帝,我们隔得不远,就400 多年。

康熙－玄烨

我也是您的"铁粉"。俯仰千年余，
盛治数贞观！@唐太宗－李世民

明仁宗－朱高炽

我也是您的"铁粉"！@唐太宗－李世民

唐太宗－李世民

我知道你！@明仁宗－朱高炽 但你真的要
减肥了，否则就算你如虎添翼，也飞不起来！

明仁宗－朱高炽

口袋的钞票 薄情寡义

身上的肥肉 不离不弃

相关知识点

• 明成祖朱棣不满父亲朱元璋的安排，兴兵夺权，把侄子朱允炆赶下台，所以他与唐太宗李世民怀着一样的心态，即天下应该由能者掌之。

• 康熙晚年在接班人问题上举棋不定，结果造成九子夺嫡的局面，最终平时并不显山露水的雍正胜出。传说他只改动了康熙遗诏里的一个字，就名正言顺地成为皇帝。

• 明仁宗朱高炽是明朝第四位皇帝，明成祖永乐皇帝的长子，也是历史上著名的胖子皇帝之一。

中国皇帝聊天群（400）

明成祖－朱棣

惭愧，我只是建了个北京皇城，派郑和七下西洋，出了一套小书，叫《永乐大典》……

明成祖－朱棣

雍正－胤禛

看你嘚瑟的！

明成祖－朱棣

别忘了你们住的楼，都是我盖的！ @雍正－胤禛

明太祖－朱元璋

逆子！我只关心你把允炆弄哪儿去了！

明成祖－朱棣

父皇，允炆侄儿，我也找了很多年……

明太祖－朱元璋

滚！

明太祖－朱元璋

炆儿，我的乖孙子哟，炆儿！

小小文曲星

《永乐大典》

编纂于朱棣执政期间，由翰林院大学士解缙担任总纂修，历时6年（1403—1408）编修完成，是中国著名古代典籍之一，也是迄今为止中国历史上最大的一部百科全书。正文共计22,877卷，凡例、目录60卷，分装成11,095册，全书约3.7亿字。它保存了14世纪以前中国历史地理、文学艺术、哲学宗教和百科文献，为后世留下许多故事和难解之谜。比法国狄德罗编纂的《百科全书》和英国的《不列颠百科全书》还要早300多年，堪称世界文化遗产的珍品。

相关知识点

• 明成祖朱棣夺权后，也做出了一番业绩，但人们最关心的问题之一是，他把废帝、侄子朱允炆弄哪儿去了。

朱允炆

• 北京故宫是明清两代的皇家宫殿，旧称紫禁城。明成祖朱棣自 1406 年开始兴建紫禁城，1420 年建成。清朝皇帝既没有毁城，也没有迁都，而是直接拎包入住，成为紫禁城的新主人。

中国皇帝聊天群（400）

汉武帝 - 刘彻

> 真是人间悲剧！

宋太宗 - 赵炅

> 真是人间悲剧！

康熙 - 玄烨

> 等等，@ 宋太宗 - 赵炅 你来解释一下"烛影斧声"可好？

宋太宗 - 赵炅

> 你永远不知道真相！

宋太宗－赵炅

事实上因为时间太久，我都忘记了。

宋太祖－赵匡胤

弟弟，你不能这样耍流氓吧?

宋太宗－赵炅

我不想永远当晋王……

末代皇帝－溥仪

好巧，另一个篡位的杨广，当初也是晋王。

隋炀帝－杨广

我是太子继位好不好，不是篡位!

隋文帝－杨坚

朕真是瞎了眼，真不该废除你哥哥杨勇的太子位!

末代皇帝－溥仪

而且他还欺负你的妃子宣华夫人……

隋文帝－杨坚

我早知道了!

隋文帝－杨坚

不知该摆出什么表情

相关知识点

· 宋朝第二位皇帝赵炅是开国皇帝赵匡胤的弟弟，据说有天晚上宫女们听到两兄弟在争吵，还有烛影晃动、柱斧戳地的声音，而第二天赵匡胤就死了，所以民间一直盛传赵炅杀死了亲哥哥。

· 隋炀帝当上皇帝前，与赵炅一样，也曾是晋王。他本不是接班人，后来他通过演戏获取了父亲杨坚的信任，成功当上太子，然而刚登基就原形毕露。

宋宗

中国皇帝聊天群（400）

宋徽宗－赵佶

东北好冷啊，乖儿子，什么时候接爸爸回去？
@ 宋高宗－赵构

宋钦宗－赵桓

东北好冷啊，好弟弟，什么时候接哥哥回去？
@ 宋高宗－赵构

末代皇帝－溥仪

他不会回答你们的！

宋孝宗－赵昚

父皇 @ 宋高宗－赵构 那边的网络不稳定。

宋钦宗－赵桓

谁有我惨，本来做太子挺好，父皇让我提前
登基！

宋徽宗－赵佶

孩子，为父是想让你早锻炼早当家……

明成祖－朱棣

把自己的胆小描绘得如此清新脱俗！ @ 宋
徽宗－赵佶

明成祖－朱棣

别人都是坑爹，只有你是坑儿子！

唐太宗－李世民

权力真是害死人！

唐太宗－李世民

看看我儿子们的结局……

唐玄宗－李隆基

看看李亨是怎么逼我的……

康熙－玄烨

@ 唐太宗－李世民 听说为了选继承人，偶像急得差点自杀。

唐太宗－李世民

这样的人生，确实烦透了！

唐太宗－李世民

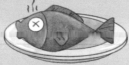

"生鱼"忧患

"死鱼"安乐

雍正－胤禛

看来大家还要感谢朕。

秦始皇－嬴政

此话怎讲？

雍正－胤禛

没听过吗？雍正之后无夺嫡。

康熙－玄烨

@雍正－胤禛 儿子，你在群里这么活跃，完全没有以前的低调沉闷。

秦始皇－嬴政

以前他是装颓废。

乾隆－弘历

父皇可勤奋了，登基以后每天工作20小时。他最喜欢在电脑上批示，口头禅是"键来"。

明朝万历皇帝

实在是太"卷"了！

雍正－胤禛

宁可累死自己 也要「卷」死别人

相关知识点

• 宋钦宗赵桓是宋朝第九位皇帝，靖康元年，金兵攻打北宋之时，他不断向金屈辱求和，在金兵攻破汴京后，与其父宋徽宗赵佶一同被俘北去，至此北宋灭亡。

• 南宋第一位皇帝赵构即位后，在人间天堂杭州享乐，对在东北做囚犯的父亲宋徽宗赵佶、哥哥宋钦宗赵桓不闻不问。南宋诗人林升写了一首诗《题临安邸》，骂赵构不思进取，原诗为：山外青山楼外楼，西湖歌舞几时休？暖风熏得游人醉，直把杭州作汴州。

• 宋孝宗赵昚是南宋第二位皇帝，是宋太祖赵匡胤七世孙、宋高宗赵构的养子，有史学家评论他是南宋朝最有作为的皇帝，在位期间为岳飞平反冤案。

• 通过政变上台的唐太宗李世民，晚年也饱受接班人折磨，14个儿子很少得善终。除唐高宗李治接班外，太子李承乾造反，其他儿子或早死或被贬。

• 太子李亨是李隆基的第三子，趁安史之乱自立为帝，尊唐明皇李隆基为太上皇。

• 清朝雍正帝虽然通过九子夺嫡上位，但之后的历史上，再没有发生过争夺皇位的事情。

• 明朝的万历皇帝是历史上最有名的罢工皇帝，和勤奋的雍正帝形成鲜明对比。

· · · · · · · · · 唐太宗 - 李世民发了一条朋友圈 · · · · · · · ·

唐太宗 - 李世民
今天又干到了凌晨两点！

♡ 魏徵、长孙无忌、长孙皇后、武则天、李治、李承乾、房玄龄、杜如晦、杨师道、褚遂良、李靖、王珪、马周、孙伏伽、尉迟恭、秦琼等 337 人

魏徵：如此勤政，百姓之福也！🌹

长孙皇后：皇上，要注意龙体！

唐太宗 - 李世民 回复 长孙皇后：你先睡，朕待会儿就回去。

唐高祖 - 李渊：二凤，你这是在赎罪吗？

唐太宗－李世民 回复 唐高祖－李渊：这么多年了，父皇还没走出来？

尉迟恭：皇上，还有谁不服，臣打到他服！

唐太宗－李世民 回复 尉迟恭：跟你说过多少次了，不要这么粗鲁。

尉迟恭 回复 唐太宗－李世民：好的好的！

唐高宗－李治：父皇，儿臣不想当太子！

唐太宗－李世民 回复 唐高宗－李治：逆子，你是想偷懒吗？💣💣💣

武则天 回复 唐高宗－李治：先接盘，我帮你！

相关知识点

• 尉迟恭是唐朝名将，在玄武门之变时助李世民夺取帝位。传说他面如黑炭，与秦叔宝（秦琼）一同成为"门神"的原型。

小小文曲星

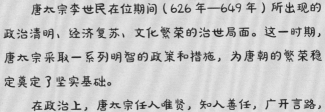

贞观之治

李世民

唐太宗李世民在位期间（626年—649年）所出现的政治清明、经济复苏、文化繁荣的治世局面。这一时期，唐太宗采取一系列明智的政策和措施，为唐朝的繁荣稳定奠定了坚实基础。

在政治上，唐太宗任人唯贤，知人善任，广开言路，虚心纳谏。此外，唐太宗还完善了科举制度。

在军事和外交方面，唐太宗大力平定外患。贞观之治的出现，标志着唐朝进入了鼎盛时期，也为后来的开元盛世奠定了重要基础。

2

亡国的那些事

5分钟
爆笑帝王

脑补大剧场

 末代皇帝 - 溥仪　 秦始皇 - 嬴政　 秦二世 - 胡亥　 汉武帝 - 刘彻　 三国 - 刘备　 三国 - 刘禅

 晋武帝 - 司马炎　 南唐后主 - 李煜　 西辽末帝 - 耶律直鲁古　 辽太宗 - 耶律德光　 隋文帝 - 杨坚　 隋炀帝 - 杨广

 唐高祖 - 李渊　 唐太宗 - 李世民　 唐高宗 - 李治　 武则天　 宋太祖 - 赵匡胤　 宋仁宗 - 赵祯

明太祖 - 朱元璋　明成祖 - 朱棣　崇祯皇帝　康熙 - 玄烨　 雍正 - 胤禛　 乾隆 - 弘历

查看更多群成员 >

群聊名称　　　　　　　　　　中国皇帝聊天群 ✎

群二维码　　　　　　　　　　　　　　　　>

群公告　　　　　　　　　　　　　　　　　>

备注　　　　　　　　　　　　　　　　　　>

查找聊天内容　　　　　　　　　　　　　　>

消息免打扰

脑补大剧场

中国皇帝聊天群（400）

末代皇帝 - 溥仪

> 咦，我怎么成了群主？😕

 秦始皇 - 嬴政

> 大秦二世而亡，让朕想通了，这世界上没有永久的事。

秦始皇 - 嬴政

> 群主也不是永久的！🤧

末代皇帝 - 溥仪

> 政哥提醒我了，那我们今天就聊个永恒的话题吧！

 三国 - 刘禅

> 什么话题，好吃的，还是好玩的？

 三国 - 刘禅

末代皇帝－溥仪

瞧你那没出息的样子！

 三国－刘禅

爱吃爱玩有错吗？

末代皇帝－溥仪

这个话题叫"亡国的感觉"！

 明太祖－朱元璋

那没我什么事了，我是开国皇帝。

 清太祖－努尔哈赤

喀喀，老朱，你们明朝的最后一个皇帝，
吊死在一棵歪脖树上了……

 元顺帝－妥欢贴睦尔

我的天哪！那棵树没事吧？

 崇祯皇帝

会不会说话？活该你得痢疾死！@元顺
帝－妥欢贴睦尔

 明太祖－朱元璋

你应该死三次，每次都是因为痢疾！@
元顺帝－妥欢贴睦尔

 崇祯皇帝

@明太祖－朱元璋 老祖宗，对不起啊！

崇祯皇帝

公司到我这一代没经营好，破产了。

 清太宗－皇太极

你们完全是被"内卷"给"卷"死的！

 宋神宗－赵顼

比俺的手下安石和阿光还"卷"吗？

 清太宗－皇太极

不是一个级别的。明代那些文官，只要斗不死，就往死里斗！

 清太宗－皇太极

末代皇帝－溥仪

 崇祯皇帝

在说大明呢，你哭啥？

末代皇帝－溥仪

> 同病相怜，我正想着怎么给爱新觉罗的列祖列宗汇报呢！

末代皇帝－溥仪

> 难道让我告诉他们，现在回家必须买门票了？

相关知识点

溥仪

• 溥仪、刘禅、崇祯等都是亡国之君。其中，溥仪不仅是清朝的末代皇帝，也是中国历史上最后一个皇帝，在紫禁城向公众开放后，他曾以游客身份旧地重游。

• 努尔哈赤建立了后金政权，他是清朝的实际奠基者，后被尊称为清太祖皇帝。他同元太祖成吉思汗一样，是中国少数民族中的两位英雄传奇帝王。

• 刘禅，蜀汉后主，三国时期蜀汉末代皇帝。他是刘备之子，小名阿斗。他不思进取，只知享乐，可谓最有"亡国气质"的皇帝。

元顺帝

• 元顺帝是元代第十一位，也是最后一位皇帝。他 14 岁继位，励精图治了 35 年，还是成了亡国之君。

• 崇祯皇帝，即明思宗朱由检，是明代最后一位皇帝，虽然做过努力，但难挽国运。

• 皇太极是清太祖努尔哈赤第八子，在努尔哈赤驾崩后继位，称帝后改国号为清。

中国皇帝聊天群（400）

南朝陈后主－陈叔宝

群主应该知足常乐才是。@末代皇帝－溥仪

南朝陈后主－陈叔宝

要知道，很多亡国皇帝都死得好惨。

新朝－王莽

这话没毛病。

崇祯皇帝

这话没毛病。+1

宋钦宗－赵桓

这话没毛病。+1

崇祯皇帝

不走运的时候，感觉整个世界都在欺负我！

晋恭帝－司马德文

我好像是被一床棉被闷死的。

西汉 - 刘婴

真羡慕你们，俺活了 20 年，其中 15 年被监禁，出来后不久就被暗杀了……

末代皇帝 - 溥仪

@三国 - 刘禅 阿斗，我还羡慕你呢！"躺赢"男孩，整个人胖了好几圈。

 三国 - 刘禅

身上的肥肉 不离不弃
口袋的钞票 薄情寡义

 三国 - 刘备

@三国 - 刘禅 爸爸平常怎么跟你说的，在人多的地方要低调，潜水不会吗？

 三国 - 刘禅

爸爸对不起，是我草率了。

 三国 - 刘备

大家见笑了，我这儿子小时候把我心都融化，大了让我肺都气炸……

 三国 - 刘备

大家继续，大家继续。

宋恭帝－赵㬎

该轮到我了吧？我5岁就做了俘虏！

宋端宗－赵昰

弟弟，你好歹多活了几年，我可10岁就"挂"了啊。

宋帝昺

两位哥哥，我还没成年就被大臣背着跳海，你们有这种体验吗？

宋帝昺

末代皇帝－溥仪

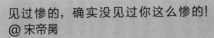

见过惨的，确实没见过你这么惨的！
@宋帝昺

崇祯皇帝

好吧，确实……比不过……

相关知识点

· 陈叔宝，即陈后主，是南北朝时期陈朝最后一位皇帝，被隋朝军队俘虏后，并没有被虐待和羞辱，反而受到隋文帝杨坚的礼遇，直至善终。

· 西汉和东汉之间的 20 余年，既不属于西汉，也不属于东汉，而是一段独立的历史，填满这个空白的是由王莽建立的新朝，只是王莽是新朝第一位也是最后一位皇帝，最终死于乱军之中。

· 宋钦宗以囚徒身份死于冰天雪地的东北，崇祯皇帝和胡亥也死得很惨。

· 刘禅投降后以高寿吉世，但留下了"乐不思蜀"的笑柄。

· 司马德文是东晋的末代皇帝，他即位之时，东晋的权力已被刘裕把持，仅仅一年后，司马德文就被刘裕废掉，421 年被刘裕派人用棉被闷死。之后，刘裕成为南朝刘宋的开国君主。

· 西汉的最后一位皇帝刘婴 2 岁被立为太子，4 岁即被囚禁，一直到 20 岁，才被刘氏宗亲救出，不久就被暗杀。

· 溥仪下台后历经劫难，还被妃子文绣上诉到法院要求离婚，溥仪后来被成功改造。

• 宋恭帝与宋端宗一个早早成了俘虏，一个早夭。

• 公元 1279 年 3 月 19 日，宋、元在厓山展开决战，宋军全军覆灭，左丞相陆秀夫背起时年 8 岁的赵昺跳海而死，南宋在厓山的十万军民也相继投海殉国。

中国皇帝聊天群（400）

汉献帝 - 刘协

> 突然想起杜牧老师的一句诗，"商女不知亡国恨，隔江犹唱后庭花"。

南唐后主 - 李煜

> 这诗，写得真好！

汉献帝 - 刘协

> 哪位群友知道写的是谁？猜中有奖。

末代皇帝 - 溥仪

> 刚才搜索了一下，写的是陈叔宝。

后蜀后主 - 孟昶

> @ 南朝陈后主 - 陈叔宝 果然是个活宝，很有亡国气质！

南朝陈后主 - 陈叔宝

@后蜀后主 - 孟昶

南朝陈后主 - 陈叔宝

"君王城上竖降旗，妾在深宫那得知"，
是你老婆花蕊夫人写的吧？

后蜀后主 - 孟昶

是又怎么着？

南朝陈后主 - 陈叔宝

你连自己媳妇都不如。

末代皇帝 - 溥仪

都是菜鸡，
何必互啄

宋徽宗 - 赵佶

后蜀后主 - 孟昶

别吃瓜了！ @宋徽宗 - 赵佶

后蜀后主－孟昶

眼看大敌当前，你就去做太上皇了，亡国的大黑锅，你狠心让儿子去背？

 后蜀后主－孟昶

别人是儿子坑爹，你是爹坑儿子！

 宋徽宗－赵佶

你够了！

 宋钦宗－赵桓

不怪父皇，都是我自愿的。

 隋炀帝－杨广

@宋徽宗－赵佶 我都看不下去了。

 隋炀帝－杨广

多乖的孩子，都被你坑傻了！

 宋钦宗－赵桓

走了，伤自尊咧！

相关知识点

刘协

• 汉献帝刘协是东汉最后一位皇帝，登上皇位时年仅9岁，"挟天子以令诸侯"中的"天子"即刘协。曹操去世后，其子曹丕逼刘协禅让帝位，建立了魏朝。

• 晚唐著名诗人杜牧曾写下触景感怀之作《泊秦淮》，前半段写秦淮夜景，后半段抒发感慨，借陈后主追求荒淫享乐终至亡国的历史，讽刺那些不从中吸取教训而醉生梦死的晚唐统治者。

李煜

• 南唐后主李煜是五代十国时南唐的末代君主。宋朝军队征战南唐时，李煜虽然坚持抵抗，但仍难逃兵败投降的结局，被俘至汴京，3年后离世。

• 孟昶是五代十国时后蜀的末代皇帝。后蜀灭亡时，其妻花蕊夫人曾作亡国诗："君王城上竖降旗，妾在深宫那得知。十四万人齐解甲，更无一个是男儿。"此诗成了历史上著名的亡国诗之一。

宋徽宗

• 宋徽宗在金兵打到首都前夕，将皇位让给儿子宋钦宗，想通过这种方式逃过一劫，结果父子俩和大量皇族成员都被金兵俘虏，是为"靖康之变"，北宋从此灭亡。

中国皇帝聊天群（400）

宋徽宗－赵佶

论坑儿子……我哪比得上@北齐后主－高纬？

北齐后主－高纬

论坑儿子……我可比不上这位！@新朝－王莽

新朝－王莽

你们懂啥？那叫大义灭亲！

隋炀帝－杨广

这是在搞鄙视链吗？

隋炀帝－杨广

康熙－玄烨

你在任期内还是有作为的。@隋炀帝－杨广

隋炀帝－杨广

大隋亡于朕手，朕不服气已经1400余年。

唐太宗－李世民

谁说不是呢？迁都洛阳征高丽，开科取士修运河……

唐太宗－李世民

这么有作为的亡国之君，你们谁见过？

隋炀帝－杨广

那不还得怪你们李家？对我有什么意见可以提嘛，不要造反。

唐高祖－李渊

老杨，造反的有好几十路人马呢，都骂你劳民伤财！

南唐后主－李煜

春花秋月何时了？往事知多少……小楼昨夜又东风，故国不堪回首月明中。雕栏玉砌应犹在，只是朱颜改！亡国的痛，你们真的懂吗？

末代皇帝－溥仪

说到写作文，那么多皇帝，还真没谁比得上你"丝滑"……

金哀宗

唉，不能天下称雄，却向词中称帝，令人伤感！

崇祯皇帝

@ 金哀宗 我听说过你。

崇祯皇帝

你是吊死的，我也是，难兄难弟啊！

崇祯皇帝

金哀宗

没办法，大雪封山十几天，城里没米没水。

末代皇帝 - 溥仪

事隔那么多年，仿佛还能听到人喊救命。

晋惠帝 - 司马衷

没米没水，就不能来点肉粥？@ 金哀宗

晋武帝 - 司马炎

你这逆子，不要出来丢人现眼。

晋惠帝 - 司马衷

父皇……

三国 - 曹丕

@晋武帝 - 司马炎 他能认识你这个爸爸就不错了！👓👓👓

三国 - 刘禅

唉，司马家的基因，像被诅咒了一样。

相关知识点

• 高纬是南北朝时期北齐的第五位皇帝，世人称他为北齐后主。大敌当前之时，他不思抵抗，将皇位让给儿子高恒。

高纬

• 新朝的王莽曾在争权夺利之时杀死亲生儿子。

• 隋炀帝、崇祯皇帝等人并不是天生的亡国之君，他们很勤勉，做了很多努力，但王朝气数已尽，无力回天。

• 李煜的文学成就是所有皇帝中最高的。然而，如果没有亡国的经历，他可能写不出那么经典的诗词。

金哀宗

• 金哀宗是金朝第九位皇帝，在蒙宋联军的强烈攻势下，被围困在蔡州。4个多月后，蔡州城内弹尽粮绝，蒙宋联军破城，金哀宗自缢殉国。

• 司马炎是西晋的开国皇帝，司马懿之孙。司马衷是西晋第二位皇帝，是司马炎的嫡次子，在位17年，为人痴呆，不了解民众疾苦，留下了"何不食肉糜"的笑话。

中国皇帝聊天群（401）

秦王－子婴

> 大家说，我们末代君主，是不是来"背锅"的?

秦王－子婴

> 人在路上走，"锅"从天上来!

汉献帝－刘协

> 还真是，你爷爷嬴政残暴，你叔叔胡亥懦弱……

秦始皇－嬴政

> 再怎样，也比你当几十年傀儡强万倍!

秦王－子婴

> @ 秦始皇－嬴政 爷爷，我上台5天就杀了赵高。

秦始皇－嬴政

> 手动点赞! 👍 👍 👍

宋钦宗－赵桓

不管用，一个多月秦国就灭亡了，又过了一个多月，子婴连命都丢了。

末代皇帝－溥仪

不知该摆出什么表情

崇祯皇帝

子婴不动声色，能诛赵高，本来有机会为秦国翻盘的，可惜！

崇祯皇帝

祖宗不善，贻祸子孙。

明太祖－朱元璋

小朱，你想说什么呢？

唐哀帝－李柷

他不敢说的话，我来说！

唐哀帝－李柷

祖宗们挖的坑，实在太深太大，我们填不满啊！

044

金哀宗

深有同感！

宋钦宗－赵桓

深有同感！ +1

崇祯皇帝

**在生活的暴风雨中
艰难前行**

末代皇帝－溥仪

看大家聊天，心里忽然好受多了！

末代皇帝－溥仪

原来我是那个最幸运的末代皇帝。

三国－刘禅

此处应有红包。

三国－刘禅

要是没人发红包，我待会儿再来问一次。

5分钟
爆笑帝王

末代皇帝 - 溥仪

我手上有大量拼购券，谁来跟我拼呀？

三国 - 刘禅

我跟你拼啦！

三国 - 刘备

刚打开微信……吓了一跳！

三国 - 刘备

我还以为儿子进步大，从巨婴变勇士了！

三国 - 刘禅

三国 - 刘禅

我把蜀国搞没了，不怪我吗？

三国 - 刘备

你永远是我心心念念的小可爱！

三国 - 刘禅

 溜了溜了……

宋钦宗 - 赵桓

这就是传说中别人家的爸爸？

宋钦宗－赵桓

真是一万点的甜蜜暴击！ @ 宋徽宗－赵佶

特别说明：
秦王－子婴没做过皇帝，出于聊天需要，由其
爷爷秦始皇－嬴政拉入群聊。

相关知识点

· 丞相赵高逼杀秦二世胡亥，去秦帝号，立子婴为秦王，5 天后，子婴诛杀赵高。十月，刘邦率兵入关，在位仅 46 天的子婴投降刘邦，至此秦朝灭亡。一个多月后，项羽率军进入咸阳，屠城纵火，杀害子婴。

· 金哀宗曾起用名将抗击蒙古，尝试改善与西夏、南宋的关系，进行了一系列改革，但均以失败告终，在位后期他犯了很多政治错误。

· 唐哀帝李柷，是唐朝的第二十一位皇帝，也是唐朝的末代皇帝，被迫禅让退位后，中国历史进入五代十国时期。

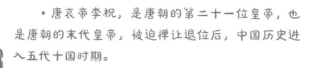

· 溥仪应该是中国历史上最幸运的末代皇帝。他活了 62 岁，得以善终，而且经过政府改造和自身努力，在人生的最后时光学会劳动和自食其力。

•••••• 宋徽宗－赵佶发了一条朋友圈 ••••••

 宋徽宗－赵佶
上次的《瑞鹤图》火了，这次画只东北虎看看。

♡ 宋钦宗－赵桓、岳飞、蔡京、张择端、皇后郑氏等 12 人

宋钦宗－赵桓：等着看父皇的丹青！

金熙宗－完颜亶：昏德公，你当了囚犯还这么有兴致，服了！

宋徽宗－赵佶 回复 金熙宗－完颜亶：不管在什么情况下，都不能荒废自己的爱好。

岳飞：皇上别着急，臣这就去救驾！

宋徽宗－赵佶 回复 岳飞：我现在已经不是你的皇上了。

宋高宗-赵构 回复 岳飞：

宋徽宗-赵佶 回复 岳飞：我写了一首诗，你看后就明白了，"彻夜西风撼破扉，萧条孤馆一灯微。家山回首三千里，目断天南无雁飞"。

相关知识点

• 金熙宗完颜亶，是金朝的第三位皇帝，彼时金王朝已经是北方一个强大的民族割据政权，俨然以北方霸主自居，形成与南宋分庭抗礼之势。

• "彻夜西风撼破扉，萧条孤馆一灯微。家山回首三千里，目断天南无雁飞。"出自宋徽宗赵佶的《在北题壁》，这是他在被俘后，写于囚禁他的馆舍墙壁上的一首绝句。

宋徽宗

3

喝下权力的苦酒

脑补大剧场

聊天信息（401）

 秦始皇 - 嬴政　 秦二世 - 胡亥　 汉武帝 - 刘彻　 三国 - 刘备　 三国 - 刘禅　 晋武帝 - 司马炎

 南唐后主 - 李煜　 西辽末帝 - 耶律直鲁古　 辽太宗 - 耶律德光　 隋文帝 - 杨坚　 隋炀帝 - 杨广　 唐高祖 - 李渊

 唐太宗 - 李世民　 唐高宗 - 李治　 武则天　 宋太祖 - 赵匡胤　 宋仁宗 - 赵祯　 明太祖 - 朱元璋

 明成祖 - 朱棣　 崇祯皇帝　 康熙 - 玄烨　 雍正 - 胤禛　 乾隆 - 弘历　 末代皇帝 - 溥仪

查看更多群成员 ＞

群聊名称	中国皇帝聊天群 ＞
群二维码	＞
群公告	＞
备注	＞
查找聊天内容	＞
消息免打扰	

中国皇帝聊天群（402）

秦始皇－嬴政

你们的"魔鬼"又来啦！

秦始皇－嬴政

秦始皇－嬴政

群里有想成仙的不？有的话，出来吼一声！

 三国－孙权

老司机带带我。

 汉武帝－刘彻

老司机带带我。+1

 唐太宗－李世民

老司机带带我。+1

 嘉靖皇帝

老司机带带我。+1

秦始皇 - 嬴政

最近有人贡献了一批丹药，要不要试试？

秦始皇 - 嬴政

饭后一小片，快活似神仙，来来来，跟我一起摇摆……

 三国 - 刘禅

三国 - 刘禅

以为自己傻，原来还有这么多人比我更傻！

 三国 - 曹操

刘家侄子，这次我站你。

 三国 - 曹操

都死透了，还成仙！

秦始皇 - 嬴政

没见过长生不老药，不代表这世界上没有……

 三国 - 曹操

啧啧，这智商！

 雍正 - 胤禛

政哥，你年轻时挺有作为的，怎么老了就忘了初心呢？ @秦始皇 - 嬴政

雍正 - 胤禛

与其花时间琢磨成仙，还不如多加点班！

 唐太宗 - 李世民

@雍正 - 胤禛 我加的班不比你少，可是最后呢？

 宋仁宗 - 赵祯

世民哥，你吃假药，这不中啊……

特别说明：
三国 - 曹操没做过皇帝，其子曹丕建立魏国后追谥其为武帝。由三国 - 曹丕邀请入群。

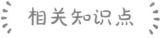

相关知识点

孙权

• 古代皇帝大都很害怕死亡，很多有作为的皇帝都幻想长生不老，比如秦始皇赢政、汉武帝刘彻、三国的孙权、唐太宗李世民、明朝的嘉靖皇帝等。尤其是到了晚年，他们做出了很多离谱的事情。秦始皇曾命方士徐福出海寻找长生不老药；孙权年老的时候迷恋上了仙术，想长生不老，多次派人去海外寻找长生不老药；嘉靖皇帝则是一位痴迷道教炼丹并以道士自居的君主。

曹操

• 曹操在长生不老这件事上表现得很清醒。

• 雍正皇帝是著名的工作狂，每天工作十几个小时。雍正《朱批谕旨》中收录了他批阅过的七千余件奏折，对应有七千多条朱批。

• 唐太宗李世民是宋仁宗的偶像。

中国皇帝聊天群（402）

汉文帝 – 刘恒

> 人是一定会死的，我推荐薄葬。

汉武帝 – 刘彻

> 爷爷说得真好！@汉文帝 – 刘恒

汉武帝－刘彻

难怪他们 2000 多年后才找到您老人家的墓，目标实在太小了。

汉文帝－刘恒

难怪最近总听到装修的声音……

汉文帝－刘恒

是这里吗？江村大墓？

末代皇帝－溥仪

是的。

秦始皇－嬴政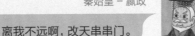

离我不远啊，改天串串门。

汉文帝－刘恒

汉高祖－刘邦

暴君，你想干啥？离我儿子远点！

秦始皇－嬴政

我没有恶意的，就是唠一唠。

汉高祖－刘邦

我信你个鬼！

相关知识点

• 汉文帝刘恒是西汉开国皇帝刘邦的第四个儿子。汉文帝和汉景帝合力开创了"文景之治"的盛世。

• 汉文帝刘恒和后来的曹操都倡导薄葬，觉得人死如灯灭，不要修大坟。2021年考古工作者发现了汉文帝的墓葬。

• 秦始皇与汉文帝的墓葬均在西安，所以离得不远。

中国皇帝聊天群（402）

武则天

追求长生不老容易理解，毕竟人老了都容易犯糊涂。

唐太宗－李世民

武才人，如果朕多活几年，你能兴风作浪？

武则天

我是替李家守着江山……

唐高宗－李治

爸爸，媚娘说的是真的。

唐太宗 – 李世民

逆子，媚娘也是你叫的？

唐太宗 – 李世民

看你平常那么老实，原来是装的！

唐高宗 – 李治

武则天

我早就想把江山还给李家，不信你问狄仁杰。

唐太宗 – 李世民

我信你个鬼！

唐高宗 – 李治

还政这件事，媚娘说的也是真的。

唐中宗 – 李显

难道在"神龙政变"的时候，妈妈是故意让着我的？

武则天

阿显，人生多经历一点，对你有好处。

唐玄宗 - 李隆基

……一时不知道说什么好。

乾隆 - 弘历

别看了，你也是，人要服老，看看后来李亨是怎么对你的？ @唐玄宗 - 李隆基

嘉庆 - 颙琰

爸爸，这是你提前退位做太上皇的原因吗？

乾隆 - 弘历

你说呢？

相关知识点

· 唐太宗李世民、武则天、唐玄宗李隆基都为年老所困，结果李世民服丹药导致病情恶化而亡，武则天败于神龙政变，李隆基在安史之乱中被太子李亨夺位。

· 武则天晚年受狄仁杰影响，很想还政于李家。

· 乾隆皇帝就聪明得多，他做了60年皇帝，为了表示尊敬，没有超过爷爷康熙长达 61 年的任期，就主动让位给儿子嘉庆。乾隆皇帝活到 89 岁，是历史上最长寿的皇帝。

中国皇帝聊天群（402）

宋高宗－赵构

成仙确实是个笑话！

宋高宗－赵构

为什么不研究养生呢？看我，待机时间多长。

乾隆－弘历

请不要在我面前炫时长！

宋徽宗－赵佶

逆子，你还有脸养生？ @宋高宗－赵构

明太祖－朱元璋

看来逆子经常有啊，我也有一个。

明成祖－朱棣

你说的不是我吧，爸爸？

明太祖－朱元璋

有承认的勇气，还算是我儿子。

明惠帝－朱允炆

> 爷爷，那我跟叔叔的血债怎么算？

明太祖－朱元璋

> 都怪爷爷把武将都干掉了，让你无人平叛。😭😭😭

清太祖－努尔哈赤

哭又有什么用呢

清太祖－努尔哈赤

> 百因必有果，你的报应就是我！@ 明太祖－朱元璋

金太祖－完颜阿骨打

> @ 清太祖－努尔哈赤 孩子，好样的！

金太祖－完颜阿骨打

> 我们女真族逐鹿中原 500 年，最终还是赢了！

康熙－玄烨

> 老祖宗们，惭愧啊！ 😭

康熙－玄烨

年轻时我干得还行，晚年却在接班人问题上犯糊涂，害了孩子们。

乾隆－弘历

爷爷别这么说，如果不是您隔代指定，康乾盛世就会缺一半了。

雍正－胤禛

@乾隆－弘历 儿子，为什么不是康雍乾盛世？

明太祖－朱元璋

相关知识点

• 南宋第一任皇帝赵构不相信神仙，却喜欢和吴皇后一起整天研究养生，后来他活到81岁，是长寿的皇帝之一，而吴皇后活到83岁。

• 宋高宗赵构见死不救，拒绝接回北方的宋徽宗和宋钦宗，还害死了著名的抗金将领岳飞，所以宋徽宗称他为逆子。

• 因太子朱标早逝，朱元璋临终前把皇位交给皇太孙朱允炆，引起其他儿子不满，其中燕王朱棣反应最为强烈，后来朱棣果然造反夺得皇位，并将都城从南京迁到北京。

清太祖

• 北宋时期，女真部族在东北崛起，建立与契丹、蒙古、宋并立的金国，但后来为蒙古所灭，部族间陷入分裂与混乱。直到明朝末期，建州女真的努尔哈赤再次统一女真各部，并建立地方政权，此时叫作后金，民族名称仍叫女真。皇太极时期改国号为清，并改族名为满洲，所以可以说金朝是清的前身。

• 康熙晚年在接班人问题上很犹豫，结果导致著名的"九子夺嫡"。好在康熙生前指定当时年纪尚幼的乾隆为接班人，为康乾盛世奠定了人事基础。

中国皇帝聊天群（402）

南汉后主－刘铱

大家出来看，下雪了！

辽太宗－耶律德光

雪是我们北方的特产。

辽太宗－耶律德光

你把我都气笑了

南汉后主－刘铱

请原谅，我生活在两广地区。

 宋太祖－赵匡胤

遥想那天晚上，烛影斧声中，我莫名其妙领了盒饭……

 宋太宗－赵炅

哥，都是为了一个更好的大宋。

 北魏献文帝－拓跋弘

你们属于手足相残，历史上很常见，我可是被我妈毒死的！😭

 北魏孝明帝－元诩

老祖宗，毒死您的好歹是后妈，我可是被亲妈毒死的！

 武则天

打住，这个群没话题了是吗？

相关知识点

• 五代时十国之一的南汉位于如今的广东、广西、海南一带。

• 耶律德光是辽太祖耶律阿保机次子，也是辽国第二位皇帝，当时的都城在今天的内蒙古自治区。

拓跋弘

• 南北朝时期，北魏献文帝拓跋弘12岁时以皇太子嗣位，生母李贵人被赐死，拓跋弘由时为皇后的冯氏养大，6年后禅位于太子元宏，自称太上皇。拓跋弘后被"养母"冯太后用毒酒杀害，死时年仅23岁。

• 南北朝时期，北魏孝明帝元诩（510—528）6岁时以皇太子身份嗣位。但太后胡充华权力欲很强，以元诩年幼为由临朝。后来，她干脆把自己的儿子毒死，元诩死时19岁。

• 传说武则天先后杀害几个亲生孩子，为了争权夺利嫁祸王皇后，连自己刚出生的女儿也不放过（掐死）。

• 历史上一直有赵炅害死哥哥赵匡胤的说法。

中国皇帝聊天群（402）

汉惠帝 - 刘盈

我妈可比你妈狠多了！@北魏孝明帝 - 元诩

西汉前少帝 - 刘恭

奶奶确实狠！我还那么小，都下得去手！@汉惠帝 - 刘盈

西汉后少帝 – 刘弘

别抱怨了，这都是命！

西汉后少帝 – 刘弘

就算不被奶奶杀，也会被大臣砍啊！夏侯叔、灌婴叔平时都对我很好，可他们还是下手了……

北周静帝 – 宇文阐

你们有个"狼奶奶"，我也有个"狼外公"。

隋文帝 – 杨坚

乖外孙，你明明是身子弱，所以死得早。

隋文帝 – 杨坚

至于夺权，就更无从说起了，咱那行的可是正经的禅让之礼啊！

北周静帝 – 宇文阐

我看透了你这个人

夏景宗－嵬名元昊

这么说的话，我家也有个"狼崽子"！
@宁令哥

夏景宗－嵬名元昊

@宁令哥 出来走两步啊！

夏毅宗－嵬名谅祚

父皇，您忘了吗？您老人家临终前国相
没藏讹庞弄死了他，后来是我接的班。

唐朝－安禄山

我们家也有个毒狼。

末代皇帝－溥仪

你这假皇帝咋进来的？滚出去！

唐朝－安禄山 被移出群聊

⁝⁝ 相关知识点 ⁝⁝

• 汉惠帝刘盈是西汉的第二位皇帝，他的母亲
吕后狠毒，但刘盈心善。为了权力，吕后先后杀死
两位少帝刘恭和刘弘。

• 宇文阐是北周王朝的末代皇帝。大成元年
（579 年）二月，只有 7 岁的宇文阐继位，由于年幼，

便让外公杨坚总揽朝政。大定元年（581年）二月，杨坚逼迫外孙禅位，封其为介国公，3个月后宇文阐死亡，北周就此灭亡。

· 蒐名元昊是西夏王朝的开国皇帝。他晚年昏聩，不但强行霸占儿子宁令哥的妻子，还废掉了他的太子之位，结果被怀恨在心的宁令哥砍成重伤而死，宁令哥也因弑父之罪被处死。

· 安禄山是伪燕皇帝，被自己的儿子安庆绪杀死。

· 溥仪善于学习，后来还请了英国人庄士敦做老师，所以他的英文可能是所有皇帝里最好的。

中国皇帝聊天群（401）

唐中宗－李显

受不了！一辈子对我不离不弃的是我媳妇，最后下狠手的也是她！

金朝海陵王－完颜亮

@唐中宗－李显 可别"凡尔赛"了，真正被下狠手的感觉，说出来吓死你

金朝海陵王－完颜亮

是不是？@隋炀帝－杨广 @新朝－王莽

新朝－王莽

**楼上是否
有点……**

新朝－王莽

成王败寇，这问题我不想讨论。

隋炀帝－杨广

我也不想讨论。

北齐文襄皇帝－高澄

我更憋屈，被厨子拿菜刀砍死了！

辽穆宗－耶律璟

深有体会，武功再高，也怕菜刀。

相关知识点

· 唐中宗李显与韦皇后曾共患难，可是劫难过后，韦皇后居然和女儿一起将李显害死了。

· 一代皇帝王莽与隋炀帝杨广最终都惨死于政变和战争。

• 金朝第四位皇帝完颜亮，是金太祖完颜阿骨打的长孙。1161 年，他在瓜洲渡作战时死于内乱，终年 40 岁。

• 公元 549 年的一天，准备夺取东魏皇位的东魏权臣高澄与亲信大臣们在内堂密谋，厨师兰京送食，藏刀于盘底，与同伙一起将时年 29 岁的高澄杀死。弟弟高洋建立北齐后，追谥高澄为文襄皇帝。

• 耶律璟是辽朝的第四位皇帝，是辽太宗耶律德光的长子。应历十九年（969 年）二月，辽穆宗耶律璟在醉酒时被厨子和近侍杀死。

秦始皇－嬴政发了一条朋友圈

秦始皇－嬴政
大地在我脚下，国计掌于手中！

♡ 韩非、赵高、李斯、扶苏、秦二世－胡亥、蒙恬、唐太宗－李世民等 336 人

唐太宗－李世民：帅极了，始皇帝！

赵高：夷平六国是谁？哪个统一称霸？看谁再敢多说话！

扶苏 回复 赵高：马屁精！

秦二世－胡亥 回复 扶苏：大哥别骂赵老师，好不好？

扶苏 回复 秦二世－胡亥：你别被他教坏了！

秦始皇－嬴政：@扶苏 @秦二世－胡亥 你们俩能不能安静点？这里是评论区，不是无人区。

赵高 回复 秦始皇－嬴政：皇上在长城拍的这张照片意境深远，霸气侧漏，今后一定洪福齐天，千秋万代！

李斯 回复 赵高：有点过了吧？以后别说你认识我。😂😂😂

西楚霸王－项羽：彼可取而代之。

4

那些奇奇怪怪的
兴趣

脑补大剧场

秦始皇－嬴政　秦二世－胡亥　汉武帝－刘彻　三国－刘备　三国－刘禅　晋武帝－司马炎

南唐后主－李煜　西辽末帝－耶律直鲁古　辽太宗－耶律德光　隋文帝－杨坚　隋炀帝－杨广　唐高祖－李渊

唐太宗－李世民　唐高宗－李治　武则天　宋太祖－赵匡胤　宋仁宗－赵祯　明太祖－朱元璋

明成祖－朱棣　崇祯皇帝　康熙－玄烨　雍正－胤禛　乾隆－弘历　末代皇帝－溥仪

查看更多群成员 >

群聊名称	中国皇帝聊天群 >
群二维码	>
群公告	>
备注	>
查找聊天内容	>
消息免打扰	

中国皇帝聊天群（402）

唐太宗 – 李世民

作为一国之君，首先要会打仗，敢打仗。

西楚霸王 – 项羽

嗯哪。

三国 – 曹操

嗯哪。

三国 – 刘备

嗯哪。

三国 – 曹操

@ 三国 – 刘备 你一个织席贩履之徒，就不要出来丢人现眼了吧?

三国 – 刘备

我也就是打不过二弟、三弟、子龙将军、公瑾、吕布、廖化、周仓等同时代的780 多位大将……

三国 – 曹操

汉光武帝 - 刘秀

论打仗我只服西楚霸王项羽！

汉光武帝 - 刘秀

力拔山兮气盖世！

汉高祖 - 刘邦

你屁股坐哪边？到底还姓不姓刘？

新朝 - 王莽

可你是我心中的战神！ @汉光武帝 - 刘秀

新朝 - 王莽

据不完全统计，你亲自出征指挥的 30 余次大战里，只败过一次。

新朝 - 王莽

败给你，是我的命！

新朝 - 王莽

服气！

特别说明：
西楚霸王 - 项羽虽然没做过皇帝，但是由群主
秦始皇 - 嬴政特批入群。

相关知识点

• 唐太宗李世民征战四方，先后领兵平定薛仁杲、刘武周、窦建德、王世充、刘黑闼等割据势力，为大唐打下半壁江山，后世对唐太宗李世民的军事才能极为推崇，甚至誉其治军无出其右者。

• 汉光武帝刘秀一生的对手众多，比如，赤眉军、刘永、张步、李宪、董宪、秦丰、隗嚣、公孙述、王郎、卢芳等，大部分时候刘秀都冲杀在第一线，他取胜的昆阳之战更是中国历史上以少胜多的经典战例之一。

中国皇帝聊天群（402）

后唐庄宗 – 李存勖

有个皇帝，他南击后梁，北却契丹，东取河北，西并河中，称帝之后灭后梁和前蜀，吞并岐国。

后唐庄宗 – 李存勖

大家猜是谁？猜中的有红包。

三国 – 刘禅

我来我来！

3 分钟后

5分钟
爆笑帝王

三国－刘禅

给个提示?

后唐庄宗－李存勖

他是十三太保之一……

三国－刘禅

嗯……

宋太祖－赵匡胤

拿着,
快去充点智商

三国　刘禅

   @宋太祖－赵匡胤

三国－刘备

儿子,你爸我来看你了

三国 – 刘备

谁家还没个宝宝？

后唐庄宗 – 李存勖

哟，护犊子的来了！

后唐庄宗 – 李存勖

@ 三国 – 刘备 那这道题你来答。

三国 – 刘备

你说的，不就是你自己吗？

后唐庄宗 – 李存勖

唐太宗 – 李世民

你没给姓李的丢脸。

后梁太祖 – 朱温

唉，生子当如李存勖，至于我儿子，
简直猪狗不如。

李存勖

小小文曲星

十三太保

唐朝末年节度使李克用的十三个儿子（包括义子），大太保李嗣源，二太保李嗣昭，三太保李存勖，四太保李存信，五太保李存进，六太保李嗣本，七太保李嗣恩，八太保李存璋，九太保李存审，十太保李存贤，十一太保史敬思，十二太保康君立，十三太保李存孝，因皆被封为太保而得名。除三太保李存勖外，其他十二人都是养子。

相关知识点

有的人就是为打仗而生的，后唐开国皇帝李存勖就是这样的人。朱温曾实心表示羡慕。

中国皇帝聊天群（402）

宋太祖－赵匡胤

> 如果近身肉搏，不知道哪位群友挡得住我的太祖长拳？

南朝宋武帝－刘裕

> 粗鲁！@宋太祖－赵匡胤

南朝宋武帝 – 刘裕.

我只想问问你们，有谁出过兵书？

乾隆 – 弘历

好了好了，知道你出过《兵法要略》。

南朝宋武帝 – 刘裕

还有，名句"气吞万里如虎"说的是谁？

乾隆 – 弘历

你还有完没完了？

乾隆 – 弘历

相关知识点

• 赵匡胤结束了五代十国的乱世，完成了对全国大部分地区的统一。赵匡胤有可能是中国历史

上武功最厉害的皇帝，传为其所创的太祖长拳流传至今。

刘裕

·刘裕出生时，母亲因生病请不起郎中去世。他父亲刘翘请不起乳母照顾他，一度想抛弃他，幸好有姨母抚养，刘裕才得以存活下来。因为家里太穷，刘裕不得不去砍柴、打鱼，做一些小买卖，后来又以卖草鞋为主。他35岁的时候还在卖草鞋，娶不上媳妇。参军改变了他的人生，在战场上他曾创下一人追击数千人的壮举。

中国皇帝聊天群（402）

明太祖－朱元璋

以寒微出身而建立赫赫功业，裕哥确实能鄙视你这个官N代！@乾隆－弘历

明惠帝－朱允炆

皇爷爷，他的出身比您的还寒微吗？

明惠帝－朱允炆

小学生真诚的目光

明太祖－朱元璋

爷爷可以骄傲地告诉你，没有。

成吉思汗

万万没想到，终结我们蒙古铁骑和砍刀的，居然是你这个穷和尚！💣💣💣

明成祖－朱棣

在敢打能闯方面，我得了父皇的遗传，从北京一直打到南京，登基之后五次亲征蒙古。

明太祖－朱元璋

朕的基业差点毁在你手上！

明太祖－朱元璋

允炆到底被你弄哪儿去了？

明成祖－朱棣

我一直在找他。听说他去了海外，我还派船队去找过。

明成祖－朱棣

这一点，郑和可以做证。

相关知识点

· 明朝创立才两代，就发生了权力震荡，朱元璋的儿子朱棣抢了第二任皇帝朱允炆的位子，后来

5分钟
爆笑帝王

朱允炆失踪。

· 朱元璋出身寒微，他成功夺取了成吉思汗后代的政权。

朱元璋

中国皇帝聊天群（402）

宋徽宗－赵佶

整天打打杀杀的，有意思吗？大家来研究一下书法呀！

宋徽宗－赵佶

宋徽宗－赵佶

对了，还有绘画！

宋徽宗－赵佶

唐太宗 - 李世民

本来想骂你玩物丧志，看你的书法还过得去，算了。

唐太宗 - 李世民

大家看看我的字写得咋样？

唐太宗 - 李世民

唐太宗 - 李世民

论对书法的热爱，哪个皇帝比得上我？

乾隆 - 弘历

民哥，据说你拿王羲之的《兰亭序》真迹陪葬，真的假的？

唐太宗 - 李世民

无可奉告。

乾隆 - 弘历

先拿出来让我盖个章嘛！

相关知识点

宋徽宗

• 宋徽宗赵佶是古代少有的艺术天才，在书法、绘画等艺术领域天赋非凡，独创"瘦金体"书法，其《芙蓉锦鸡图》《池塘秋晚图》等都是传世名作。名臣章惇曾提出，不能让赵佶当皇帝，因为他太文弱，但在向太后的支持下，赵佶还是顺利接班。在任期间，他重用蔡京、童贯、王黼等奸臣，使北宋走向灭亡。

乾隆

• 唐太宗李世民是狂热的书法爱好者，尤其喜欢王羲之，曾亲自写《晋书·王羲之传赞》。据说他去世前，吩咐将《兰亭序》真迹作为自己的陪葬品。

• 乾隆很喜欢把自己的印章盖到古代诗画作品上。

中国皇帝聊天群（402）

乾隆－弘历

皇帝群诗词组招新啦，大家抓紧！

崇祯皇帝

看你的诗，必须忍受。

三国 - 曹操

我的诗，孩子们几乎首首必背。

三国 - 曹操

你呢？ @ 乾隆 - 弘历

汉高祖 - 刘邦

我只写了一首，大风起兮云飞扬……

汉文帝 - 刘恒

老爸，我还想和你去吹吹风。

南唐后主 - 李煜

我的诗词赚足人的眼泪，我说什么了？

南唐后主 - 李煜

傲气

相关知识点

刘邦

· 乾隆一生写了 4 万多首诗，几乎以一己之力对抗整个唐朝的诗人。

· 曹操一生留下的诗词虽然只有几十首，但几乎都很热门。相比之下，乾隆一生写诗超 4 万首，却没有一首是中小学生必背。

· 刘邦一生中最得意的作品，只有三句，却很有劲力，很打动人，即"大风起兮云飞扬，威加海内兮归故乡，安得猛士兮守四方"。

· 论文艺皇帝之首，当数南唐后主李煜。

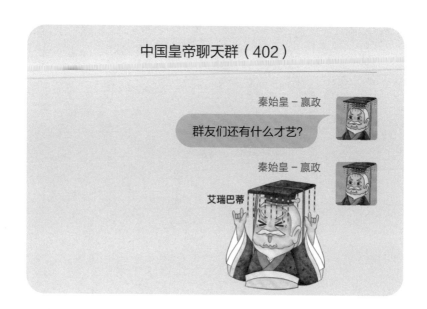

三国－刘备

群里有对草鞋制作感兴趣的吗？免费培训！

明熹宗－朱由校

有对木工活感兴趣的吗？包教包会！

北齐后主－高纬

请问有对唱歌感兴趣的群友吗？

唐玄宗－李隆基

唱歌？一起啊！

唐僖宗－李儇

什么时候大家一起踢场球啊！

秦始皇－嬴政

大家还真是多才多艺。

宋徽宗－赵佶

政哥，你的才艺是什么？

秦始皇－嬴政

杀人。

相关知识点

· 刘备自称是汉景帝之子中山靖王刘胜的后人，其少年生活并不是很顺利。因为幼年丧父，日子过得非常清贫，和母亲一直以织席贩屦为主。后来这段卖鞋经历常被人用来嘲讽他的"皇族血统"。

· 明熹宗朱由校小的时候，乾清、坤宁、慈宁三宫都曾遭火灾而重建，他整天在皇宫里逛来逛去，耳濡目染之下，居然对木工活产生了浓厚的兴趣。他最大的兴趣不是当皇帝，而是整天在宫里设计木制品。他甚至创造出了前所未有的式样，令许多工匠望尘莫及，比如，折叠床和我国最早的喷泉铜缸水戏，就是他的得意之作。后人称他为仅次于鲁班的木匠大师。

· 北齐第五位皇帝高纬很喜欢唱傀儡戏。此外，他还喜从在宫廷文乙活动中扮演乞丐。

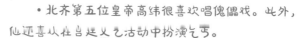

· 唐玄宗李隆基是知名音乐家，经常出入皇家戏院，亲自谱曲。

· 唐僖宗李儇是球迷，他曾对手下说："如果有踢球进士，我一定得头名。"他甚至看踢球水平决定四川节度使人选。

中国皇帝聊天群（402）

三国－刘备

儿子，你的兴趣是什么？@三国－刘禅

三国－刘禅

我想当一名皇宫记者。

三国－刘备

打听皇宫的各种八卦和绯闻？

三国－刘备

那会很累的。

三国－刘禅

嘘寒问暖不如打笔巨款。

三国－刘禅

既然大家的情绪充分调动起来了，不妨说点敏感的、难为情的事情？

秦始皇－嬴政

最年轻的群友@末代皇帝－溥仪 都已经死了50多年，还有什么难为情的？

三国－刘禅

就怕有些人，死要面子……

秦始皇 – 嬴政

这话题多有意思。

秦始皇 – 嬴政

就这样愉快地决定了，开聊！

秦始皇 – 嬴政

滑稽势力登场

相关知识点

• 刘禅整天不忙工作，就喜欢享受生活，这都归因于父亲刘备对他的溺爱。

• 秦始皇是中国历史上资格最老的皇帝，溥仪是末代皇帝。

三国－刘禅发了一条朋友圈

三国－刘禅
此间乐。

此条屏蔽刘备、诸葛亮

♡ 司马昭、魏延、杨仪、吴壹、蒋琬、刘璿、刘瑶、
夏侯霸、姜维、谯周、刘谌

> 三国－赵云：真是扶不起来的阿斗！当年不应该
> 救你！
>
> 三国－刘禅 回复 三国－赵云：赵叔，别叫我阿斗！
>
> 三国－刘禅 回复 三国－赵云：你知道的，我最不
> 喜欢打打杀杀，这样不也挺好的吗？
>
> 三国－赵云 回复 三国－刘禅：你忘了你父皇和诸
> 葛丞相的嘱咐。

甘夫人：没骨气，平常惯坏你了！

三国 - 刘禅 回复 甘夫人：难道母亲就希望孩儿死在洛阳吗？

谯周：留得青山在，不怕没柴烧。 🌹🌹🌹

三国 - 孙权：真是笑死人！

三国 - 曹操 回复 三国 - 孙权：可不是，他爹是个笑话，他是笑话 2.0 ！

5

主动或被动的
太上皇

脑补大剧场

< 聊天信息（402）

 秦始皇 - 嬴政　秦二世 - 胡亥　汉武帝 - 刘彻　三国 - 刘备　三国 - 刘禅　晋武帝 - 司马炎

南唐后主 - 李煜　西辽末帝 - 耶律直鲁古　辽太宗 - 耶律德光　隋文帝 - 杨坚　隋炀帝 - 杨广　唐高祖 - 李渊

唐太宗 - 李世民　唐高宗 - 李治　武则天　宋太祖 - 赵匡胤　宋仁宗 - 赵祯　明太祖 - 朱元璋

明成祖 - 朱棣　崇祯皇帝　康熙 - 玄烨　雍正 - 胤禛　乾隆 - 弘历　末代皇帝 - 溥仪

查看更多群成员 >

群聊名称　　　　　　　　　　　　中国皇帝聊天群 ✎

群二维码　　　　　　　　　　　　　　　　　　 >

群公告　　　　　　　　　　　　　　　　　　　 >

备注　　　　　　　　　　　　　　　　　　　　 >

查找聊天内容　　　　　　　　　　　　　　　　 >

消息免打扰

中国皇帝聊天群（402）

乾隆 – 弘历

群里的太上皇们，来聊一聊啊！

乾隆 – 弘历

唐高祖 – 李渊

都退居二线了，还有什么好聊的？

乾隆 – 弘历

正因为退休了，才有时间聊天啊！

乾隆 – 弘历

我有一个心得：太上皇当得好，比当皇上还有意思。

嘉庆 – 颙琰

皇爸爸，谁有您那 3 年太上皇当得舒服啊？

乾隆－弘历

那我刚走，你就拿下和珅是什么意思？

嘉庆－颙琰

因为国库太空了……

乾隆－弘历

那也不至于杀他啊！

小小文曲星

太上皇，是中国历史上给予退位皇帝或当朝皇帝在世父亲的头衔，通常给予的对象是在世但已禅位的皇帝，让其退居二线。

我国几千年的封建社会，最高统治者是实行世袭和终身制的。一个人一旦黄袍加身，就要做一世的皇帝。除非是被推翻，一般要等他驾崩之后，才允许由新皇帝接位。

中国历史上共有26位太上皇，其中有3位来自草头政权，即后凉吕光、唐朝叛将安禄山、五代十国时期闽国叛将卓俨明之父。

相关知识点

• 乾隆是最有福气的太上皇，因为他有实权。但他刚驾崩，他最器重的大臣和珅就被接班的儿子嘉庆杀掉，因为嘉庆已经忍和珅很久了。事后查证，和珅是当世最大的贪官。

• 乾隆是历史上最大的贪官和珅的保护伞。嘉庆在没有实权的时候，就开始调查和珅，后来乾隆离世，他第一时间抓捕和珅，并查抄其家产，一时国库前所未有地充盈。

中国皇帝聊天群（404）

秦始皇 - 嬴政

我来了！

汉高祖 - 刘邦

激烈鼓掌

5分钟
爆笑帝王

汉高祖－刘邦

热烈欢迎"太上皇"的发明者！

秦始皇－嬴政

你不说我还真忘了。

"秦始皇－嬴政"邀请"秦庄襄王"加入了群聊

秦始皇－嬴政

这才是传说中的太上皇第一人！

汉武帝－刘彻

这也算？

汉光武帝－刘秀

对啊，他只是诸侯，又不是皇帝！

秦始皇－嬴政

你们闭嘴！我说是就是！

"汉高祖－刘邦"邀请"赵武灵王"加入了群聊

赵武灵王

听说群里在说太上皇那些事。

赵武灵王

我也是当政的时候，让位给儿子赵惠文王的，我后来自称主父……

 秦始皇－赢政

凑什么热闹？你那个不算！

赵武灵王

我虽然只是一方诸侯，但地位和皇帝无异。

秦庄襄王

唉，吵死了！

秦庄襄王

我都死了 26 年了，还搞什么追封？ @秦始皇－赢政

秦始皇－赢政

我完全是一片好意，如果你不要，我马上就撤销！

秦庄襄王

翅膀硬了，敢和爸爸顶嘴了

相关知识点

秦庄襄王

• 秦始皇统一六国时间为公元前 221 年，而他老爸秦庄襄王离世是在公元前 247 年，也就是战国晚期。

• 秦庄襄王年轻时曾在赵国邯郸做人质，后在吕不韦的帮助下成为秦国国君，一生跌宕起伏，十分不易，死时 34 岁。秦始皇为了纪念父亲，追封其为太上皇，这也是历史上第一次使用这个称呼。

• • • • • **刘太公与儿子汉高祖 – 刘邦的私聊** • • • •

刘太公

秦庄襄王好歹是个秦王，我只是个农村老头，一不小心也成了太上皇！

汉高祖 – 刘邦

老爸，看您白发苍苍的，还要跟大臣们一起上朝，每次行三跪九叩大礼，我心里都不是滋味。

汉高祖 – 刘邦

天下只有儿子跪老子，哪有老子跪儿子的道理？

刘太公

都跪那么多次了，你才发现？真是孝顺！

汉高祖－刘邦

> 小时候，您老人家总说我无赖，不如我二哥能置产业。

汉高祖－刘邦

> 现在您再看看，是我的产业多还是二哥的产业多？

刘太公

> 这么多年了，你居然还记恨你老爹！

刘太公

汉高祖－刘邦

> 我只是想证明一些东西。

汉高祖－刘邦

> 以后就别跪拜了，朕都封您老人家做太上皇了。

刘太公

是不是太上皇不重要，我都70多岁了，能在皇宫里种菜、养花就已经很好了。

汉高祖－刘邦

谢谢老爸，提高了皇宫的绿地率！

相关知识点

• 公元前198年，刘邦在未央宫建成的酒宴上，曾问父亲刘太公，自己与二哥谁更出色。

• 刘太公是中国历史上唯一未曾为帝王而被尊为太上皇的人。他后来入宫，每天侍弄花花草草，也算安享晚年了。

中国皇帝聊天群（405）

晋惠帝－司马衷

谁说太上皇必须是当朝皇帝的老爸？

西晋－司马伦

孩子，给你留下一命，还不快点谢谢我？

晋武帝－司马炎

这都是什么乱七八糟的？女人不像女人，长辈不像长辈。

西晋－司马伦

大侄子，都怪你留下一个弱智的接班人。

晋武帝－司马炎

闹够了没有

三国－司马懿

我都被气得快要活过来了！

特别说明：
三国－司马懿没做过皇帝，其孙司马炎代魏称
帝建立晋朝后追尊其为宣帝。由晋武帝－司马
炎邀请入群。

相关知识点

• 晋惠帝司马衷是晋朝开国皇帝司马炎的第二
个儿子，也是历史上第一位被迫退位的太上皇——
西晋"八王之乱"中被他的叔祖父、赵王司马伦奉

为太上皇，且被囚禁。

• 司马衷是历史上有名的白痴皇帝。他在位初期，杨骏独揽大权；中期，悍后贾南风掌权，贾南风甚至杀掉了当朝太子。

• 赵王司马伦于永康元年（300年）引兵冲进皇宫，杀掉贾南风，篡位做了皇帝，将惠帝迁于金墉城，改城名为"永昌宫"。

司马伦

• 正因为司马衷很傻，对司马伦不会有什么威胁，司马伦不但留惠帝一条命，还给他送了一顶"太上皇"的帽子。

• "八王之乱"数月之后，司马伦被杀，司马衷复位。在动乱中司马衷受尽颠沛流离之苦，最后据传被人毒死，享年49岁。

中国皇帝聊天群（405）

秦始皇－嬴政

@宋徽宗－赵佶 你不也是太上皇吗？出来走两步！

宋徽宗－赵佶

知道你们肯定要批判我！

宋徽宗－赵佶

我承认自己喜欢奇石书画，但这就是玩物丧志？

明成祖－朱棣

确实是昏君，现在还不知错！

宋徽宗－赵佶

宋太祖－赵匡胤

不肖子孙，说说"靖康之变"是怎么回事！

宋徽宗－赵佶

他们有本事就来比书法绘画啊，比打架多不文明！

宋太祖－赵匡胤

然后他们快要打进汴梁的时候，你把皇位传给儿子，让他做"背锅侠"？

宋徽宗－赵佶

不是我的想法，是蔡京他们的主意……说这样能让金人消消火……

三国 – 刘禅

要消火，去拔罐啊，吃苦瓜也行！

三国 – 刘备

乖儿子快撤回，大家都在听故事呢！

三国 – 刘禅

宋钦宗 – 赵桓

老祖宗不要怪父皇，是我自愿的。

宋太祖 – 赵匡胤

你是个忠厚的孩子。@ 宋钦宗 – 赵桓

金太宗 – 完颜晟

@ 金太祖 – 完颜阿骨打 大哥安息吧！
我终于实现了你灭宋的理想。

金太宗 – 完颜晟

而且他们的皇帝和太上皇，都被打包带
回我们那旮旯了。

相关知识点

• 公元 1127 年，金人南下大举入侵，太上皇赵佶与宋钦宗赵恒双双被金兵俘虏，父子二人被掳至五国城（今黑龙江省依兰县），先后客死他乡，史称"靖康之变"。

• 宋徽宗和宋钦宗两位皇帝都属于优柔寡断型，对政治问题缺乏判断力。

• 在我国古代历史上，宋徽宗是下场最凄惨的太上皇之一。

中国皇帝聊天群（405）

北齐幼主 – 高恒
> 历史为何如此相似？我也是"背锅侠"……

北齐后主 – 高纬
> 孩子，不许你这么说！

北齐武成帝 – 高湛
> @北齐后主 – 高纬 逆子！

北齐后主－高纬

哎呦 我的小心脏

北齐武成帝－高湛

真是自毁长城，气死我了！

相关知识点

高纬

· 北齐后主高纬是北齐武成帝高湛的长子，也是北齐第五位皇帝。他容貌俊美，是个大帅哥，但在位期间，任用奸佞，荒淫无道，政治腐败，军力衰落。

· 周武帝宇文邕趁机东征并大败齐军，攻破邺城。城破之前，高纬传位于8岁的皇太子高恒。

中国皇帝聊天群（405）

隋炀帝－杨广

听说朕也是太上皇？

隋恭帝－杨侑

爷爷，是这样的。

唐高祖－李渊

当时天下大乱，我们只好立 @ 隋恭帝－杨侑 为皇帝，遥尊您为太上皇！

隋炀帝－杨广

这是你们一厢情愿，不通知朕就更不对了！

唐高祖－李渊

您知道的，太原的信号不是太好……

隋炀帝－杨广

都是你一手导演的吧?

相关知识点

隋炀帝杨广是中国历史上非常有名的昏君。公元 611 年起，各地纷纷起义，后来隋炀帝杨广借南巡之名避难江都。

公元 617 年，留守太原的李渊起兵攻下长安，立杨广之孙杨侑为帝，尊杨广为太上皇。

第二年，还在以皇帝身份发号施令的杨广被权

臣宇文化及带人杀死。至此隋朝灭亡。李渊假惺惺
地哭了一场，逼杨侑禅位，自己取而代之。

中国皇帝聊天群（405）

唐高祖－李渊

做梦都想不到，我也会成为太上皇！

隋炀帝－杨广

人在做，天在看，苍天饶过谁！

隋文帝－杨坚

滚！我怎么生出你这个逆子？

隋炀帝－杨广

滚就滚，再见

唐高祖－李渊

@ 唐太宗－李世民 你也是逆子……

唐高祖－李渊

我只想知道，你在玄武门杀了亲兄弟，晚上怎么睡得着？

唐太宗－李世民

朕的睡眠问题，就不用父亲操心了！

相关知识点

• 经过数年苦战，唐高祖李渊终于统一天下。但因为他立长子李建成为太子，军功最大的李世民很不服气，两派经常发生冲突。

• 公元 626 年，李世民发动玄武门之变，杀死太子李建成、齐王李元吉，并一举扫灭其党羽。当时唐高祖李渊正在皇宫的内湖上划船，残酷的宫斗令他目瞪口呆，只得封李世民为皇太子。两个月后，才当了 9 年皇帝的唐高祖李渊下诏退位，李世民承继大统。

• 李世民既想做皇帝，又不愿背上逼宫篡位的千古恶名，于是尊奉皇父为"太上皇"，以保全皇父的体面。

• 唐高祖李渊做了 9 年太上皇，于公元 635 年抑郁而死。

中国皇帝聊天群（405）

武则天
> 太上皇这事，还是看淡点吧！

武则天
> 连朕这么强势的人，晚年都做了"太上皇"！

唐中宗－李显
> 老妈，"神龙政变"跟我没关系啊，是张柬之他们发动的。

武则天
> 我信你个鬼！

唐高宗－李治
> 眼睛都看花了，先是旦儿接班，后是显儿，再后来又是旦儿……

唐高宗－李治

挠大了头

武则天

眼睛花，是因为你们李家祖传的高血压。

唐高祖－李渊

李家人的脸都被你们两个丢尽了！
@唐太宗－李世民 @唐高宗－李治

唐太宗－李世民

你是什么时候开始迷惑治儿的？ @武则天

武则天

我们是自由恋爱。

唐高宗－李治

父皇，我……

相关知识点

• 武则天晚年遭遇"神龙政变"，张柬之等大臣拥立唐中宗李显复辟，并尊武后为"则天大圣皇帝"。

• 除了少数几位皇帝，李唐多数执政者身体都很弱，据说是祖传的疾病。

中国皇帝聊天群（405）

唐睿宗－李旦

我也是太上皇……不过我是心甘情愿的。

唐睿宗－李旦

这个皇位本不该我坐，是我儿子 @ 唐玄宗－李隆基 硬塞给我的……

唐玄宗－李隆基

父皇，我知道您喜欢清静，对权力不感兴趣。

唐睿宗－李旦

23 岁坐上皇位，29 岁被降为皇嗣，后来又将皇嗣让给大哥 @ 唐中宗－李显，时隔 20 年，又做回皇帝，3 年后又退位担任太上皇……

唐睿宗－李旦

这过山车，我坐得够够的了！

唐睿宗－李旦

谁来救救我

唐中宗－李显

兄弟知足吧，你比我幸运多了，你是坐过山车，我直接被老婆和女儿毒死了！

唐中宗－李显

人生如此失败，我也是醉了。

相关知识点

• 公元 710 年，韦皇后在女儿安乐公主的帮助下，毒杀丈夫唐中宗李显，此时李旦第三子、临淄王李隆基与太平公主联手，扫平韦氏一族，推李旦为帝。

• 李旦知道皇位是儿子为自己争取的，3 年后便知趣地传位给儿子李隆基，是为唐玄宗。后来李旦又做了 5 年太上皇才去世。

中国皇帝聊天群（405）

唐肃宗－李亨

按照广大将士的心愿，我也让父皇做了一回太上皇！😃😃😃

唐玄宗－李隆基

孩子，你不该逼死你后妈啊！

唐肃宗－李亨

杨贵妃和杨国忠兄妹民怨极大，他们必须死！

唐玄宗－李隆基

⋛ 相关知识点 ⋚

李隆基

• "安史之乱"发生后，已做了45年皇帝的唐玄宗出逃四川，在经过马嵬坡的时候遭遇兵变，72岁的他只得接受将士们的要求，赐死杨贵妃。因为很多人认为杨贵妃比玄宗小三十几岁，又迷惑皇上使之疏于朝政，是国家的罪人。

李亨

• 太子李亨趁机在肃州灵武称帝，并遥尊在成都避难的李隆基为太上皇。

• 做了6年太上皇之后，在一片凄风冷雨中，曾经无限辉煌的李隆基，以78岁高龄驾崩于太极宫。

中国皇帝聊天群（405）

唐顺宗－李诵

难道，只有我是出于身体原因做太上皇的吗？

唐宪宗－李纯

父皇，您太累了，好好休息一下！

唐顺宗－李诵

其实，朕不想休息，因为以后有的是时间休息……

唐顺宗－李诵

人生短短几个秋啊，真是活不够！

唐玄宗－李隆基

孩子，你怎么还唱起来了？

后凉创始皇帝－吕光

深有同感！

后凉创始皇帝－吕光

长期征战，我满身是伤，刚安排好接班人，生命就走到了尽头……

后凉隐王－吕绍

父皇，我辜负了您的期望！

后凉隐王－吕绍

您驾崩不久，大哥吕篡就逼我自杀，自己当了皇帝。

后凉创始皇帝－吕光

人一走，茶就凉！

相关知识点

李诵

• 公元805年正月，唐顺宗李诵即位，但他只当了8个月皇帝，因中风失语，以俱文珍为首的宦官集团阴谋发动宫廷政变。在这种情况下，李诵不得不让太子李纯主持日常工作，不久传位给李纯，自称太上皇。又过了几个月，李诵病逝，享年46岁。

• 客观上讲，李诵很有想法，支持革新，改革弊政，可惜老天没给他时间。

吕光

• 吕光是历史上第一个主动退位的太上皇，他原系前秦大将，率兵征西域，获悉秦主苻坚被杀的消息后，遂占据凉州，于孝武太元十四年（389年）即三河王位，7年后，又改称天王，国号大凉。

• 公元400年初吕光传位于儿子吕绍，自称"太上皇帝"，不久病死。尸骨未寒，他生前最担心的骨肉相残、争权夺利就迅速变为现实——吕光去世才几天，其庶长子吕篡即逼吕绍自杀，即天王位。

中国皇帝聊天群（405）

唐高祖 – 李渊

我大唐出了这么多太上皇？看来我做了一个坏的示范！😓😓😓

唐昭宗 – 李晔

老祖宗，还没完，我是第七个，也是最后一个！🤧🤧🤧

唐高祖 – 李渊

听说中晚唐一半的皇帝都受制于宦官？

唐昭宗 – 李晔

嗯，我就是在宦官刘季述的拥戴下做的皇帝。

唐高祖 – 李渊

我擦泪

唐昭宗 – 李晔

可是不久后，刘季述就以"废昏立明"为由，发动宫廷政变，把我和皇后关了起来，在墙上挖了个小洞专门传送饮食……

三国－刘禅

这实在太过分了，连音乐都听不到了！

唐昭宗－李晔

再后来，他们拥立太子李裕上位，我成了太上皇😤😤😤

唐太宗－李世民

你们身上哪还有一点我的英雄气？

唐太宗－李世民

你们这帮咸鱼

相关知识点

• 唐昭宗李晔是李唐王朝最后一个拥有"太上皇"头衔的皇帝。

• 唐昭宗李晔被赶下台一个多月后，左神策军指挥使孙德昭杀死刘季述，拥戴李晔复位，太子重回东宫。

• 唐昭宗李晔 38 岁时被朱温即朱全忠杀害。不久，大唐结束了 290 年的统治。

中国皇帝聊天群（405）

北周宣帝 - 宇文赟

> @北魏献文帝 - 拓跋弘 兄弟，看时间，我们离得不远，而且我跟你的经历有点像。

北魏献文帝 - 拓跋弘

> 真的吗?

北周宣帝 - 宇文赟

> 你对皇位没兴趣，想出家静修，我也一样，不过我是为了专门享受生活……

相关知识点

• 北周武帝宇文邕很是英明神武，统一了中国北方，他的儿子北周宣帝宇文赟却没有什么责任感。公元 579 年，宇文赟禅位于年仅 7 岁的长子宇文阐，他自称天元皇帝，即太上皇。

• 宇文赟一生放荡不羁，宠信佞小，甚至差一点杀掉自己的岳父，即后来的隋文帝杨坚。宇文赟可以说是在用生命作死断送宇文家霸业，幸好他当上太上皇一年后就暴病而亡，年仅 22 岁。

中国皇帝聊天群（405）

宋高宗－赵构

从我往下连续四个太上皇。

宋高宗－赵构

唐朝290年，有七位太上皇，我们大宋317年，只有五位。

宋太祖－赵匡胤

我的天哪

宋高宗－赵构

我没生育能力，只好抱养了一个，他是您的七世孙赵昚。

宋太祖－赵匡胤

这还差不多，烛影斧声那事，大家都懂……

宋太宗－赵炅

大哥，当年的内幕，不是说好不公开的吗？

宋高宗－赵构

> 开国 200 余年，太祖的嫡系子孙一直没人做过皇帝，朝野中常常有各种议论。

宋孝宗－赵昚

> 原以为太上皇做不了几年，可是干爹他一做就是 25 年！

宋高宗－赵构

> 天天在宫里研究养生，还是有效果的。

三国－刘禅

老哥，稳

⸙ 相关知识点 ⸙

• 1161 年，金朝海陵王完颜亮率兵攻宋，没想到大败而归。此战大大激发了宋人的抗金热情。已经坐了 35 年皇位的宋高宗赵构意识到再坚持自己的议和主张已不可能，积极抗战又违背初衷，遂于次年下诏宣布禅位于太子赵昚，是为孝宗。

宋高宗

• 宋高宗赵构做了 25 年太上皇，是待机时间最长的太上皇。

宋孝宗－赵昚

做了 27 年有名无实的皇帝，实在没意思，朕就让位给儿子赵惇了。

宋光宗－赵惇

朕被李凤娘害了，她不仅干政，还多次离间我与父皇！

宋光宗－赵惇

坏人

宋孝宗－赵昚

就知道在群里抱怨，什么时候你当面撑她试试？

宋光宗－赵惇

我现在很后悔，受她蛊惑，居然发誓再也不见父皇……

宋光宗－赵惇

因为很惭愧，我把皇位传给了儿子赵扩。

宋宁宗－赵扩

你们都不要的，就塞给我！

夏神宗－嵬名遵顼

没招儿啊

宋宁宗－赵扩

> @ 夏神宗－嵬名遵顼 你是?

夏神宗－嵬名遵顼

> 我们曾经生活在同一个时代。

成吉思汗

> 哈哈,你们都是我的马下败将!

夏神宗－嵬名遵顼

> 我不是听你们的,退位做太上皇了吗?
> 做人不要太过分……

宋宁宗－赵扩

> 千万不要和侵略者谈判!

5分钟
爆笑帝王

相关知识点

• 宋孝宗赵昚与宋光宗赵惇父子被李凤娘成功离间，两人先后成为太上皇，最后由宋朝的第十三位皇帝赵扩收拾残局。

• 与宋朝并存的党项族政权西夏，其第八位皇帝夏神宗嵬名遵顼，在成吉思汗的铁骑弯弓面前，早已是惊弓之鸟。

• 1223年，夏神宗嵬名遵顼为保全自己，甘心做蒙古的附庸，但是蒙古人已对他失去兴趣，多次遣使责令他退位。夏神宗不得不传位于次子嵬名德旺（夏献宗），做了西夏历史上唯一的"太上皇"，3年后去世。

中国皇帝聊天群（106）

西辽末帝 - 耶律直鲁古
@耶律大石 爷爷，对不起，是我引狼入室了。

西辽天祐皇帝 - 耶律大石
气死我了！

西辽末帝 - 耶律直鲁古
真是现实版的"农夫与蛇"的故事！

相关知识点

• 西辽第三位皇帝耶律直鲁古是个善良的人，当时乃蛮部落为成吉思汗所灭，耶律直鲁古不仅接收了乃蛮流亡王子屈出律，还把女儿嫁给他。

• 流亡王子屈出律是个忘恩负义的人，居然联络花剌子模等藩属发动叛乱。翁婿兵戎相见，一番争斗之后，屈出律于1211年擒获老丈人耶律直鲁古，夺取西辽政权。随后，耶律直鲁古让位，成为太上皇。两年后，耶律直鲁古病故。

中国皇帝聊天群（405）

明太祖－朱元璋

都是什么乱七八糟的，我们大明就不会出现太上皇这种事！

康熙－玄烨

真的吗？

明英宗－朱祁镇

报告老祖宗，我听王振的劝，率50万大军御驾亲征，结果遭遇"土木之变"被俘……

明太祖－朱元璋

然后呢？

明英宗－朱祁镇

我弟弟朱祁钰继位，然后我成了太上皇。

明太祖－朱元璋

此时的我

明英宗－朱祁镇

老祖宗，您还好吗？

明太祖－朱元璋

我很好

明代宗－朱祁钰

为什么大哥不说自己不理朝政、宠信佞小的事情？

相关知识点

• 明英宗执政期间，起初杨士奇、杨荣、杨溥三人尚能维持局面。后来太皇太后与朝中重臣相继去世，明英宗开始胡作非为，王振独揽朝政。1449 年，蒙古瓦剌首领也先率部进犯明朝北部边疆，很快逼近大同。在王振的鼓动下，明英宗亲征瓦剌。由于指挥不灵，行动迟缓，在土木堡（今河北省怀来县东）被瓦剌军包围，明英宗被俘。

朱祁镇

• 明英宗被俘的消息传到京城，朝廷一片慌乱，众臣拥明英宗之弟朱祁钰即位，为明代宗，并尊明英宗为太上皇。一年后双方议和，明英宗被送还北京，明代宗不愿让位，将其送往南宫，实则是囚禁。

朱祁钰

• 1457 年，明代宗病入膏肓，王振余党发动政变，拥太上皇朱祁镇复位。7 年后，朱祁镇去世。

中国皇帝聊天群（405）

乾隆－弘历

> 朕是不得已才做的太上皇。

三国－刘禅

> 哇，影帝又来了！

乾隆－弘历

25 岁登基时，朕曾经烧香向上天祈祷，自己如果能做 60 年皇帝，就主动把皇位禅让给儿子。

乾隆－弘历

到了 1796 年，朕在位已 60 年，再不兑现诺言，实在无法向上天和臣民交代。

康熙－玄烨

真是有孝心的孙子！

嘉庆－颙琰

@ 乾隆－弘历 可是您老人家退位的同时，又宣布自己身体康健、精力充沛，还能过问军国大事……

嘉庆－颙琰

我只好当了 3 年"实习皇帝"。

秦始皇－嬴政

老弟，那你应该是历史上最老也最有权力的太上皇了。

乾隆－弘历

得劲儿

北魏献文帝－拓跋弘

那我是历史上最年轻的太上皇？

北魏孝文帝－拓跋宏

老爸，我才5岁，你就把天下交到我手上，你觉得我能管理好吗？

北魏献文帝－拓跋弘

早当家，没坏处！

乾隆－弘历

可惜了，你如果多活几十年，说不定可以改变中国历史！ @北魏献文帝－拓跋弘

相关知识点

• 公元471年，做了7年皇帝之后，年仅18岁的拓跋弘禅位给5岁的儿子拓跋宏，称"太上皇帝"。

• 拓跋弘自小受到汉文化的熏陶，好黄老、浮屠之学。他在任期间做了不少利国利民之事。不过，他希望摆脱俗务，出世独修，所以退位，只有偶遇大事，他才出面解决。

• 后来皇家警卫员李奕与冯太后私通，拓跋弘听说后马上下令斩杀李奕兄弟。冯太后由此记恨在心，不久派人毒死了拓跋弘（一说暴卒），拓跋弘死时仅23岁。

133

• • • • • 乾隆－弘历发了一条朋友圈 • • • • •

 乾隆－弘历
诗歌，我每天都要写几首！

♡ 康熙－玄烨、和珅、纪晓岚等 236 人

和珅：哎哟，皇上，您别累着了，身体要紧！

纪晓岚：估计现在数量堪比唐宋两朝诗人作品的总和了。

康熙－玄烨：哦，现在多少首了？

乾隆－弘历 回复 康熙－玄烨：爷爷，现在接近 4 万首了！

康熙－玄烨 回复 乾隆－弘历：

雍正－胤禛：是你自己写的吗？

乾隆－弘历 回复 雍正－胤禛：绝大部分是。

和珅：厉害！臣写 4 万个字都很费劲！

嘉庆－颙琰：父皇已臻化境，真是完美皇帝！

6

其实我是一个演员

秦始皇－嬴政　秦二世－胡亥　汉武帝－刘彻　三国－刘备　三国－刘禅　晋武帝－司马炎

南唐后主－李煜　西辽末帝－耶律直鲁古　辽太宗－耶律德光　隋文帝－杨坚　隋炀帝－杨广　唐高祖－李渊

唐太宗－李世民　唐高宗－李治　武则天　宋太祖－赵匡胤　宋仁宗－赵祯　明太祖－朱元璋

明成祖－朱棣　崇祯皇帝　康熙－玄烨　雍正－胤禛　乾隆－弘历　末代皇帝－溥仪

查看更多群成员 >

群聊名称	中国皇帝聊天群 >
群二维码	>
群公告	>
备注	>
查找聊天内容	>
消息免打扰	

脑 补 大 剧 场

中国皇帝聊天群（405）

三国－刘禅

> @ 秦始皇－嬴政 政哥，最近在看什么书？

秦始皇－嬴政

> 你也看书？你不是素来骄奢淫逸、不思
> 进取吗？

三国－刘禅

> 那是世人对我的刻板印象，其实不是那
> 样的！

秦始皇－嬴政

> 《演员的自我修养》，听说过没？

三国－刘禅

> 像政哥这么伟大的演员，还需要看这本书？

秦始皇－嬴政

> 一天不演戏，赶不上朱棣！

明成祖－朱棣

明成祖－朱棣

我就问一句，为了活下来，装疯卖傻有错吗？

明惠帝－朱允炆

叔父好演技，不去当演员太可惜了！

明惠帝－朱允炆

削藩大业眼看就要成功，被你的演技毁了！

明成祖－朱棣

你不给叔父一条活路，我只能……

明成祖－朱棣

以前把当人质的儿子叫回封地，得装病，现在要达到目的，只能装疯。

二国－刘禅

听说你在大街上胡言乱语，到处抢别人的食物，狼吞虎咽，还整天睡在大街上？

三国－刘禅

扑哧

明成祖－朱棣

但我没有欺负老百姓，凡是被抢东西的，燕王府双倍赔偿。

明惠帝－朱允炆

对叔父发疯这事，我从来没相信过，还专门派人去了解情况。

明成祖－朱棣

我早收到情报了！

明成祖－朱棣

可苦了我了，大夏天的还要穿着棉袄围着火炉烤火……

三国－刘禅

这样的，一般人还真学不会！

明成祖－朱棣

还不够逼真，总觉得我当时对面部表情的管理有那么一点点欠缺。

相关知识点

•1399年，明惠帝朱允炆削藩，一口气连削五位藩王后，将目标对准了燕王朱棣。朱棣不甘心坐以待毙，但又没准备好造反，只好装疯来拖延时间。所以有人认为朱棣是历史上演技最好的皇帝。

中国皇帝聊天群（405）

明太祖－朱元璋

> @明成祖－朱棣 听说你一边装疯，一边制造兵器，为了不让别人发现，还在兵工厂附近养了一大堆鸭子？

明成祖－朱棣

> 父皇，想干票大的，总要隐藏自己的实力，耍些阴谋诡计，掩人耳目。

明太祖－朱元璋

> 这倒颇得我"高筑墙，广积粮，缓称王"的真传！

明成祖－朱棣

明太祖－朱元璋

> @明成祖－朱棣 你出生的时候，整个房子都在冒香气，当时为父正与陈友谅决战，本来要顶不住了，后来居然反败为胜，那一战对统一天下至关重要。

明成祖 - 朱棣

所以呢……

明太祖 - 朱元璋

所以你算是我的小福星。

明成祖 - 朱棣

那父皇还是选了大哥做太子。

明太祖 - 朱元璋

孩子，不要怪我！

明太祖 - 朱元璋

自古以来哪个皇帝能绕过嫡长子继承制？

明太祖 - 朱元璋

心情复杂

⁑ 相关知识点 ⁑

朱棣

• 明成祖朱棣是朱元璋的第四个儿子，因为不是长子，又是庶出，就算能力再强，也只能去外地做藩王。

• 嫡长子继承制是宗法制度最基本的一项原则，即王位和财产必须由嫡长子继承。嫡长子是嫡妻（正妻）所生的长子。在西周时期，天子的王位由其嫡长子继承，而其他庶子为别子，他们被分封到全国各个战略要地。嫡长子继承制的目的在于解决权位和财产的继承与分配问题，维持统治秩序。

中国皇帝聊天群（405）

三国－刘禅

乖乖，皇家表演课，必须请朱棣当老师啊！

三国－刘备

阿斗，你在群里是不是过于活跃了？

三国－刘禅

爸比，我也不想这么活跃，要不我退群算了！

三国－曹操

你可千万别退群
群里就指望你丢人了

明成祖－朱棣

@三国－刘禅 其实你演得也不差，当司马昭问你想不想家的时候，你说"此间乐，不思蜀"，骗过了所有人。

三国－曹操

他有一个会演戏的爹，从小就耳濡目染……

三国－刘备

不知道某人的削发代首、望梅止渴算不算演戏？

三国－刘备

讲究哟

三国－曹操

三国第一影帝必须是你！@三国－刘备

143

三国－孙权

这个我可以做证，刘备的江山完全是哭出来的！

三国－孙权

不管是当着大家的面摔孩子，还是"不忍"夺同宗的荆州和西川，"劝"诸葛亮自己立为皇帝，都是演出来的！

三国－刘备

@ 汉献帝－刘协 还请皇上为我做主！

汉献帝－刘协

皇叔，你的匡扶汉室不会是诓朕的吧？

汉献帝－刘协

既然大家都认为你是影帝，朕也帮不了你。

小小文曲星

乐不思蜀

刘禅

三国蜀主刘备死后，他的儿子刘禅继位，史称"蜀后主"。刘禅庸碌无能，虽有诸葛亮等人全力辅佐，也不能振兴蜀国。后被俘，迁往魏都洛阳，司马昭赐住宅，拨费用，养着他。

司马昭请刘禅饮酒，席间特意安排人表演蜀地歌舞，刘禅看得很高兴。司马昭问刘禅："你还想不想蜀国？"刘禅答道："在这里很快乐，我不想蜀国！"

相关知识点

• 三国时期，很多"大咖"都会表演，刘备就演出了一个厚道仁慈、人畜无害的形象，以此来笼络人心。比如，长坂坡赵云七进七出救回阿斗，他"怒摔"阿斗，说为了孩子，差点折损一员大将。

• 曹操曾颁布命令，战马不得踩踏老乡的麦田，否则处死马的主人。后来，曹操自己的战马踩了进去，他流着眼泪说："革命尚未成功，我还不能死，先割发代首吧！"说完，他拿剑割下一绺头发。

中国皇帝聊天群（405）

三国 - 曹丕

刘家人能演，是有传统的。

三国 - 曹操

没错，刘邦当年放出谣言，说自己是天龙之子。

三国 - 曹丕

汉文帝刘恒年轻的时候就一直假装躺平，等待机会上位。

三国 - 曹操

汉武帝刘彻更是戏精一个。

汉武帝 - 刘彻

大佬是熬出来的

汉武帝 - 刘彻

听说你在逼 @ 汉献帝 - 刘协 禅让的仪式上,演技炸裂! @ 三国 - 曹丕

汉献帝 - 刘协

老祖宗,他们设计得很认真,表演得很投入,堪称篡位典范。

汉献帝 - 刘协

有文劝,有武逼,有推让……还让华歆等做小人,自己做君子。

晋武帝 - 司马炎

@ 三国 - 曹丕 不愧是大才子,比后来晋篡魏演得好多了!

晋武帝 - 司马炎

赞无可赞

相关知识点

• 汉文帝刘恒是吕后之后重新确立刘汉皇统地位的皇帝，其母在后宫并不受宠，靠着眼泪和运气才换来了春风一度，怀孕后靠着低眉顺眼躲过了吕后的打击（其实也是靠演技），得以带着儿子到了封地生活。

• 吕后死后，本来齐王刘襄有机会上位，但大家认为齐王的舅舅脾气暴戾，很有可能变成另一个吕氏，再次造成帝党和功臣的对立。因此，以周勃为首的汉朝旧功臣迎立了看起来老实巴交的刘恒，想将他当作傀儡。

• 刘恒当上皇帝之后，一改之前的萎靡不振，大力打击功臣集团，把汉朝从混乱中拉出来，开创了著名的"文景之治"。

中国皇帝聊天群（405）

三国 - 曹丕

说到演戏，你们司马一门也是演员世家！

三国 - 司马懿

世侄，你是想说我在你们曹家当差的事？

三国－曹操

杀了你有点可惜，不杀吧又是隐患……

三国－司马懿

你们像防贼一样防着我，还是没防住！

三国－刘禅

我都不懂

三国－刘禅

司马叔叔，这种演技，到底是怎么练出来的？

三国－司马懿

装弱、装傻、装病、装死，是演技的精髓。

三国－司马懿

总之男人得装，简称"男人装"！

三国－曹操

那年，你请假回老家纳妾，天天喝大酒，浑身中药味，也是装的？

三国－司马懿

不沉溺于此，你怎么能对我放心？

三国 - 曹操

你又骗俺

三国 - 曹操

你还真能忍，一忍就是 40 多年！

三国 - 司马懿

准确地说，是 43 年。

相关知识点

　　司马懿最后能将三国尽收囊中，全凭他 40 多年的隐忍和演技。他在曹操手下多年，见证华佗、杨修、孔融等很多聪明人死于非命。经历过血雨腥风的司马懿，才能悄悄积累智慧和能力，最后毕其功于一役。

司马懿

中国皇帝聊天群（405）

新朝－王莽

下面向大家介绍一下伪装界的"新秀"！
@汉光武帝－刘秀

新朝－王莽

本来怀抱大志，却装作喜欢种地经商；哥哥被人家杀了，还得笑着去拜见；下属私通敌人，他下令把信笺烧毁；敌人投降，他马上去营房慰问，感动得人家热泪盈眶。

汉光武帝－刘秀

老王，说到表演，我在你面前只是小学生！

汉光武帝－刘秀

你装了那么多年"忠孝仁义"，辛苦了！

汉光武帝－刘秀

哈哈，故意立一个两岁的孩子当皇太子，给他取名孺子。当别人抗议后，你表现得很忧愁的样子，天天抱着他去宗庙祈祷，面对君臣还很委屈。

新朝－王莽

更始帝 - 刘玄

更可笑的是，到老你还作秀成癖，走下金銮殿，紧握孺子的手，老泪纵横，泣不成声地说："本想以周公为楷模，辅佐你到你亲政为止，无奈天命不可违，上天一定要我代汉而治天下！"

 汉光武帝 - 刘秀

佩服得五体投地！

 三国 - 刘禅

@新朝 - 王莽 要做皇帝，先当影帝！

 新朝 - 王莽

随便你们怎么说，反正我问心无愧！

相关知识点

• 王氏一族是靠皇后王政君上位的，王莽年轻的时候，王氏一门已先后有十人封侯，其中五人更是权焰熏天，轮番出任可比拟摄政王的大司马。"日暮汉宫传蜡烛，轻烟散入五侯家"，说的就是王家的炙手可热。作为王家侄辈的王莽能从"一门俊彦"中冒出来，靠的就是他非凡的表演功夫。

王莽

• 在多年表演后，王莽觉得时机成熟，就不再满足于权臣的名分，开始步步进逼。他立两岁的宗室子弟为太子，使16岁的女儿升级为太后。骗天下人说自

己在辅佐任务结束后，将功成身退，还政于天子。

• 公元8年，王莽不想再演了，他直接废汉，建立了自己的新朝。

中国皇帝聊天群（405）

唐太宗－李世民

演技方面，我们大唐也有一个狠的。

唐太宗－李世民

孩子，给大家讲讲你的故事！@唐宣宗－李忱

明成祖－朱棣

这是个逆袭的狠角色！

唐宣宗－李忱

人家好，我叫李忱，是大唐第十七位皇帝。是这样的，在我们唐朝末年，皇族成了高危人群，随时会被宦官杀死，所以装傻更安全。

明成祖－朱棣

我来讲吧，从李忱这个案例里，我也学到很多。

唐宣宗－李忱

还是别讲了吧！

唐宣宗－李忱

明成祖－朱棣

李忱堪称唐末最后一个有作为的皇帝，他的母亲出身低微，而且他有十二个兄弟，可见有多"卷"！

明成祖－朱棣

小时候他经历过一场宫廷刺杀，因此生了场病，为了防止被害，他干脆从此装疯卖傻，连父亲李纯都没看出儿子在装傻，也更不喜欢他了。

明成祖－朱棣

李纯驾崩后，又经历了四任皇帝，朝政很是混乱，兄弟间互相杀来砍去。由于是个小透明，李忱性命没有受到威胁，活了下来。

明成祖－朱棣

后来，宦官们选择让李忱继位，也是看中他的傻，认为这个人可以控制。

汉文帝－刘恒

咦，这跟我上位的原因还真是一模一样！

明成祖－朱棣

后来，大家都看到了，李忱是个很牛气的皇帝，不仅收复被吐蕃侵占的河湟地区，还平定了安南地区，讨伐正在兴起的党项……

三国－刘禅

实在太震撼了！

唐宣宗－李忱

后来，百姓们称我为"小太宗"！

唐太宗－李世民

"后浪"可畏！

唐太宗－李世民

0%

笑容正在加载

相关知识点

唐宣宗李忱推崇智术治国，任用贤臣，提倡俭朴，把唐朝再次推上中兴之路，这是大唐最后的荣耀和希望。总之，是演技和低调成就了他。

中国皇帝聊天群（405）

唐文宗－李昂

> 我居然一直没看出来他是伪装的！

唐宣宗－李忱

> 大家都是塑料亲戚，一旦暴露，我还能活命吗？

唐文宗－李昂

> 我记得以前一直以取笑你为乐，有一次还发动文武百官来逗你说话，成功者重重有赏……

唐宣宗－李忱

> 记得那是一次宴会，大家都喝够了，有的挑逗我，有的羞辱我，但我始终没有说话。

唐武宗－李炎

> 我就是那一次看出来你是装傻。真正的傻子在这种情况下都会发疯，但你没有，明显是忍辱负重！

唐宣宗－李忱

这位朋友你真不好相处

明成祖－朱棣

这段故事我也读过，后来 @ 唐武宗－李炎 登位，就开始整叔叔李忱。

明成祖－朱棣

李炎吩咐几个太监，直接绑了李忱扔进厕所。扔进去好几天，李忱并没有被熏死，也没被淹死。

三国－刘禅

都是亲戚，要不要这么狠？

三国－刘备

孩子，唐朝皇帝有杀亲戚的传统……

唐宣宗－李忱

我太难了！

明成祖－朱棣

好在后来有一个太监看不下去，就把李忱放了。

唐宣宗－李忱

我后来藏在一个庙里，一直等到李炎侄儿驾崩才敢出来……

末代皇帝－溥仪

天哪！这简直是奥斯卡级别的剧情和演技！

明成祖－朱棣

谁说不是呢？李忱上位后，就一改痴傻形象，人也精明了，形象也潇洒了，和过去的他完全是两个人。

唐武宗－李炎

告辞，套路这么深！

⚡ 相关知识点 ⚡

· 唐文宗李昂和唐武宗李炎都曾刁难过李忱，但李忱还是像往常一样，凭演技躲了过去。

· 李忱当上皇帝后，首先给先祖亲人们办了一场隆重的祭祀丧仪，随后又紧锣密鼓地颁布了一系列政令，解决了很多困扰国家多年的大难题，一看就是事先有准备。看来李忱在装傻的时候，也没有闲着。

中国皇帝聊天群（406）

秦始皇－嬴政

大家等一下，我拉个人进来。

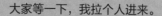
"秦始皇－嬴政"邀请"楚庄王－熊旅"加入了群聊

秦始皇－嬴政

给大家介绍一下，没有老熊就没有成语"一鸣惊人"，他也是位伪装大师。

楚庄王－熊旅

很荣幸进入这个群！😊😊😊 记得刚即位的时候，我天天喝醉，完全不理政事，很多人看不惯，我就告诉大臣们，谁敢劝我，我就杀谁。

三国－刘禅

这又是为什么？你都是一国之君了！

楚庄王－熊旅

这个问题问得好！🌷🌷🌷

楚庄王－熊旅

当时我还没摸清敌我情况，楚国是南方第一大国，贵族林立，如果贸然行动，很可能招来杀身之祸。💣💣💣

三国－刘禅

哦，主持变法的楚国大臣吴起就是吃了这个亏……

楚庄王 - 熊旅

后来我能成为春秋霸主，还得感谢这段颓废经历！

三国 - 刘禅

这个群里我就服你

相关知识点

后人如此评价楚庄王熊旅：不飞则已，一飞冲天；不鸣则已，一鸣惊人。他初登位时的韬晦之法也不无道理。就像刀客比武，看清形势再出刀，才能一刀致命。

宋太祖 - 赵匡胤

我想起来了，@南吴皇帝 - 杨行密 也是一位演技派！

南吴皇帝 - 杨行密

你这句话什么意思

宋太祖－赵匡胤

为了活命装瞎，皇后当面给你戴绿帽你也忍得下去，我服了你了！

南吴皇帝－杨行密

没办法，朱延寿那鼠辈想上位，勾结很多人来索命，我一时想不到什么好招，只好装瞎。

南吴皇帝－杨行密

进出都要靠侍卫扶着走路，有时候我还故意碰到柱子，撞得头破血流……

乾隆－弘历

高手，看不透

乾隆－弘历

看来我应该把写诗的时间、下江南的时间，全都拿来钻研演技！

⁝ 相关知识点 ⁝

• 杨行密是五代十国时期南吴的开国皇帝，他出生于唐末，家庭非常贫穷。杨行密天生神力，能手举上百斤的重物，一天可以走 300 里路。唐僖宗李儇在位期间，杨行密曾参加江淮一带的农民起义，失败后被抓，庐州刺史郑棨见他相貌奇特，断定他日后是个有作为的人，将他释放。

• 在统治淮南期间，杨行密的妻子有个弟弟叫朱延寿，很有野心，与润州刺史安仁义勾结，企图谋反，于是杨行密开始装瞎，而且一装就是 3 年。杨行密还向妻子透露了想把政权交给妻弟打理的想法，朱延寿见杨行密双目失明，对姐姐的话信以为真，便快马加鞭入宫。然而，杨行密早已布下埋伏，将朱延寿当场杀死，将一场叛乱扼杀在摇篮之中。

• 乾隆的作秀主要表现为浮华，他一生写了几万首诗，数量堪称世界第一，却一首传世的、必背的都没有，这说明权力也有很多控制不到的盲区。

中国皇帝聊天群（406）

北齐文宣帝 – 高洋

> 为什么江湖上从来没有我的故事？

秦始皇 – 嬴政

> 群友都是平等的，来，说出你的故事！

北齐文宣帝 – 高洋

> 我有个哥哥，叫高澄，他总觉得我有夺储之心，为了保护自己，我装傻多年……

北齐文宣帝 – 高洋

后来我老婆李祖娥也被大哥霸占了，对此我只能继续装傻。

南吴皇帝 – 杨行密

兄弟，心疼你一秒钟！

宋太祖 – 赵匡胤

这个我知道，后来高澄被刺杀，你才卸下面具，一夜之间从傻瓜到天才。

宋太祖 – 赵匡胤

一年后你就逼东魏皇帝禅位，建立北齐，那年你才22岁！

三国 – 刘禅

我的天哪

三国 – 刘禅

群里真是藏龙卧虎！

相关知识点

• 有的人就是需要长期隐忍，才能成大器，高洋就是一个典型。公元549年，兄长高澄被杀后，高洋秘不发丧，火速开始调查，说明他是一个很有城府、精于思考的人。

• 在夺妻之恨上，高洋与杨行密的遭遇有点相似。

中国皇帝聊天群（406）

明成祖－朱棣

难道 @ 宋太祖－赵匡胤 不是演技派里的战斗机？

宋太祖－赵匡胤

我承认自己在表演上确实有一点天赋！

明成祖－朱棣

岂止一点……

明成祖－朱棣

开国皇帝大都是影帝级别的，比如，刘邦说自己是赤帝子，杨坚说自己与众不同，出生时天生异象，不然如何从别人手里夺取万里江山？

明太祖－朱元璋

棣儿说得对，最会演戏的开国皇帝，莫过于宋太祖赵匡胤，谋划篡位就是一出绝无仅有的好戏……😝😝😝

明太祖－朱元璋

手段高明，顷刻之间就让国家易主。

明太祖－朱元璋

创业成本好低，比我打那么多年的仗强多了！😾😾😾

唐高祖－李渊

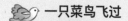 一只菜鸟飞过

汉高祖－刘邦

佩服！

汉光武帝－刘秀

佩服！ +1

清太宗－皇太极

佩服！ +1

宋太祖 - 赵匡胤

演技很重要，但更重要的是善良。

宋太祖 - 赵匡胤

后面我那出"杯酒释兵权"，不见一滴血，就搞定了兵权。

宋太祖 - 赵匡胤

不像你们，就知道屠杀功臣！@明太祖 - 朱元璋 @ 汉高祖 - 刘邦

明太祖 - 朱元璋

看看你的子孙，被北方人打得有多惨！

汉高祖 - 刘邦

看看你的子孙，被北方人打得有多惨！ +1

宋太祖 - 赵匡胤

能通过演戏解决的，大家一定不要动刀啊！

宋太祖 - 赵匡胤

相关知识点

赵匡胤的六幕表演大戏一直让人咋舌。

第一幕：大年初一让人谎报军情，说北汉和契丹一起进攻后周，把小皇帝搞得心慌慌，于是命赵匡胤带兵攻打。

第二幕：赵匡胤让自己的得力手下石守信等留守开封，表面是保卫国都，其实是做内应。

第三幕：赵匡胤和前来送行的韩通虚与委蛇，韩通不是自己人，但赵匡胤还是依依不舍，不时掉下几滴热泪，其用意是麻痹对手。

第四幕：赵匡胤让禁军军校苗训夜观星象，宣讲天命，搞得神神秘秘的。结论是，赵匡胤即将取代柴家小皇帝。

第五幕：士兵们早早起来在陈桥驿等候，一直在喊口号：拥戴赵点检做天子。赵匡胤严厉拒绝，后来盛情难却，只好黄袍加身。

第六幕：柴家母子乖乖交出权力后，赵匡胤还痛哭流涕地说："我这是没办法，都是手下逼我这么做的，我不想当天子，这样做实在是对不起死去的先皇。"

上面这句话，听起来很迫不得已，把所有责任都推到别人身上，其实总导演和领衔主演就是赵匡胤本人。可以说，宋家江山完全是靠赵匡胤演出来的。

中国皇帝聊天群（406）

唐高祖－李渊

真是心累，哈哈，看来我还不太会演！

唐高祖－李渊

皇帝演技奖还有一个老戏骨级别的选手，他就是演技之王！ @隋炀帝－杨广

唐高祖－李渊

隋炀帝－杨广

惭愧惭愧！

隋炀帝－杨广

我先问个问题，@唐高祖－李渊 你为啥要夺我大隋江山？

唐高祖－李渊

我们今天只说演技的事……

唐太宗－李世民

你是我唯一佩服的表演大师，请收下我的膝盖！

三国－刘禅

难道他比司马懿还能演？

唐太宗－李世民

戏里戏外，杨老师绝对是两个人！

唐太宗－李世民

他母亲独孤皇后是个女权主义者，也是一夫一妻制的坚定支持者，最看不得男人三妻四妾。他父亲杨坚是历史上最节俭的皇帝，衣服破了都是补了再补。他的大哥杨勇是太子，妥妥的官二代，挥金如土，玩弄异性，所以这是个很分裂的家庭。

末代皇帝－溥仪

是够分裂的，价值观完全不同！

唐太宗－李世民

后来在独孤皇后的建议下，太子杨勇被废，杨广上位。

三国－刘禅

我只关心杨广是怎么表演的……

168

唐太宗 - 李世民

他每天粗茶淡饭，不近女色，深得父母喜欢，即使在当上太子后，依然生活俭朴，从来没有绯闻。

 三国 - 刘禅

还有这种操作？

 唐太宗 - 李世民

如果你说他是个好同志，那你就错了，因为这都是他为骗取父母的好感而使用的手段。

 南唐后主 - 李煜

关键为了展露自己的才华，他写了不少诗。

 三国 - 刘禅

惹不起
惹不起

169

三国 - 刘禅

让我敷个面膜
静—静

唐玄宗 - 李隆基

我的盘古！朕亲自抓梨园建设，促进唱戏大业，也没见过如此炸裂的演技！

唐太宗 - 李世民

补充一下，后来杨广成了历史上最穷奢极欲、最骄奢淫逸的皇帝之一！

明惠帝 - 朱允炆

凡事真的不能只看表面。

相关知识点

• 杨坚的妃子宣华夫人被杨广侵犯，是唯一的例外，后来宣华夫人跑到杨坚处告状，杨坚才明白儿子平时的表现都是装出来的。他本想召回旧太子杨勇，没想到被一个叫杨素的军师坏了事，杨广第一时间杀害了杨勇，最后杨坚也被杀死。可怜一对模范夫妻，被儿子的演技活活害死了。

· 唐玄宗李隆基是个戏迷，还自己当演员，今天的戏剧都是以他为祖师爷。此外，唐太宗都不敢去泰山封禅，但他做足了场面。

· 论演技，面对杨广，唐玄宗也是自愧弗如。

中国皇帝聊天群（406）

 宋徽宗－赵佶

> 为什么我总忘不了 @ 武则天 差点被废后时的那场哭戏？

 宋徽宗－赵佶

> 原来女人真的天生会表演！

 三国－刘禅

> 这颜值！

 三国－刘禅

> @ 武则天 已加好友，请通过一下。

 三国－刘禅

给姐姐比心

相关知识点

公元 664 年，唐高宗李治差点废除武则天皇后之位，当时诏书已经写了一半，结果武则天闯入，跪在地上表演了一出惊天地泣鬼神的哭戏，使唐高宗李治当场收回成命。

明成祖－朱棣发了一条朋友圈
他正在电视寻人节目上广而告之

明成祖－朱棣
一定要找到允炆。

♡ 明太祖－朱元璋、郑和、马皇后、朱标等 78 人

明太祖－朱元璋：找了几年？

明成祖－朱棣 回复 明太祖－朱元璋：父皇，我找

了整整 10 年！

郑和：血浓于水，骨肉情深！

明成祖－朱棣 回复 郑和：有消息没？

郑和：跑遍世界都找不到！

朱标：会不会是你把我儿子藏起来了？

明成祖－朱棣 回复 朱标：皇兄，你这么说我很遗憾，我没日没夜地找！

朱标 回复 明成祖－朱棣：建议你不要再找了，找到更麻烦！

明太祖－朱元璋 回复 朱标：此事值得怀疑！

朱标 回复 明太祖－朱元璋：四弟演技太好，装疯卖傻功夫一流！

陈友谅：哈哈，苍天饶过谁！

明太祖－朱元璋 回复 陈友谅：你还没死透！

⁝ 相关知识点 ⁝

　　明朝首位太子是朱标，可惜他早逝，朱元璋只好让朱标的次子朱允炆继承皇位。后来朱棣谋反，杀进南京，朱允炆失踪，很多人怀疑他被朱棣杀害了。

爆笑帝王表情争霸赛

门在那边
滚！

从你的眼神里
我看到了
欺骗

口袋的钞票
身上的肥肉
薄情寡义
不离不弃

不知该摆出什么表情

为什么
我那么优秀

宁可累死自己
也要「卷」死别人

口袋的钞票 薄情寡义
身上的肥肉 不离不弃

嘤 嘤

都是菜鸡，
何必互啄

一眼识破

艾瑞巴蒂

我人都傻了

试图修复

哭又有什么用呢

你把我都气笑了

我看透了你这个人

楼上是否有点……

艾瑞巴蒂

激烈鼓掌

翅膀硬了,敢和爸爸顶嘴了

超难过

闹够了没有

有本事　打我呀

我的小心脏　哎哟

谁来救救我

挠大了头

滚就滚，再见

我擦泪

得劲儿

我很好

你们这帮咸鱼

大佬是熬出来的

赞无可赞

告辞，套路这么深！

图书在版编目（CIP）数据

5 分钟爆笑帝王 / 历史的囚徒著 . -- 长沙：湖南文艺出版社，2024.5
ISBN 978-7-5726-1697-6

Ⅰ . ① 5… Ⅱ . ① 历… Ⅲ . ① 皇帝 – 生平事迹 – 中国 – 古代 Ⅳ . ① K827=2

中国国家版本馆 CIP 数据核字（2024）第 064923 号

上架建议：通俗历史·漫画中国史

5 FENZHONG BAOXIAO DIWANG
5 分钟爆笑帝王

著　　者：历史的囚徒
出 版 人：陈新文
责任编辑：张子霏
监　　制：邢越超
策划编辑：李彩萍
特约编辑：彭诗雨
营销支持：周　茜
装帧设计：利　锐
插　　画：罗茗铭
出　　版：湖南文艺出版社
　　　　　（长沙市雨花区东二环一段 508 号　邮编：410014）
网　　址：www.hnwy.net
印　　刷：三河市中晟雅豪印务有限公司
经　　销：新华书店
开　　本：875 mm × 1230 mm　1/32
字　　数：115 千字
印　　张：6
版　　次：2024 年 5 月第 1 版
印　　次：2024 年 5 月第 1 次印刷
书　　号：ISBN 978-7-5726-1697-6
定　　价：49.80 元

若有质量问题，请致电质量监督电话：010-59096394
团购电话：010-59320018

《5 分钟爆笑诗词》
下一册有请李清照